투자에서 중요한 것은 시작의 크기가 아니라,
지속적으로 이어가는 꾸준함입니다.

성상현

미국투자
메가 사이클

추천의 말

매크로 경제 분야에서 독보적인 시각을 보여주시는 성상현 님은 유튜브, 블로그 등을 통해 영향력을 꾸준히 넓혀가고 계십니다. 미국 경제와 연방준비제도(연준) 통화 정책 시스템, 유동성에 대한 깊이 있는 연구는 제가 연구해온 분야와도 맞닿아 있어, 서로의 관점을 공유하며 함께 성장할 수 있었습니다.

우연한 기회에 성상현 님의 진면목을 알게 된 후, 지난 2년간의 소통이 더욱 특별하게 다가왔습니다. 이 책에 담긴 그의 독창적인 관점과 깊이 있는 분석이 독자들에게 새로운 통찰의 기회가 되리라 확신합니다.

원스경제 대표 최성원

COVID 이후의 시장 체제는 바야흐로 정치와 지정학의 시대라 할 수 있을 정도로 정부의 재정 정책과 미중 패권 전쟁이라는 테마가 시장에 막강한 영향력을 끼쳐 왔습니다. 그 대표적인 예가 장단기 금리차가 역전된 지 무려 2년이 지나고 있음에도 불구하고 여전히 강력한 모습을 보여주고 있는 미국 경제입니다. 이러한 새로운 시대 속에서 미국이라는 초강대국의 복심을 이해하는 것은 앞으로 10년의 시장을 제대로 읽고 투자를 성공적으로 이끄는 데 필수적인 지식이라 할 수 있습니다.

그런 맥락에서 성상현 님의 『미국투자 메가 사이클』은 미국 경제와 AI, 글로벌 투자 지형까지 거시적인 관점에서 제대로 된 시각을 정립할 수 있게 해주는 보기 드문 양서라 생각됩니다. 대한민국의 많은 개인 투자자들이 이 책을 읽고 급변하는 세계정세 속에서 부를 지킬 수 있기를 기원합니다.

뉴로퓨전 대표 최한철(월가아재)

시장의 메가 사이클을 알면
투자 전략이 보인다

$

오늘날 투자에 성공하기 위해서는 복잡한 경제 환경을 이해하고 해석하는 게 필수가 되었다. 이 책을 통해 그동안 내가 역사와 경제 이론의 교차점에서 얻은 통찰을 독자 여러분과 나누고자 했다. 이 책은 학문적 이론과 실무적 경험을 융합하여, 경제와 금융의 복잡성을 간결하고 명확하게 풀어내는 것을 목표로 한다.

다양한 학자의 통찰은 더 넓은 시각과 지식을 선물해준다. 칼 폴라니의 『거대한 전환』이 제시한 사회와 시장의 상호작용, 스테파니 켈턴 교수의 현대통화이론^{MMT}이 제공하는 통화의 본질에 대한 새로운 관점, 그리고 러셀 네피어의 역사적 분석에서 얻은 깊은 통찰은 이 책의 이론적 기초를 단단히 다지는 데 중요한 역할을 했다. 또한 금융시장의 거장 레이 달리오와 스탠리 드러켄밀러, 『국가는 왜 실패하는가』의 저자 대런 애쓰모글루와 제임스 A. 로빈슨의 정치경제학적 통찰, 원스경제의 최성원님과 뉴로퓨전 최한철 대표(월가아재)가 제공하는 인사이트는 금융시장과 경제 전반에 대한 이해를 한층 더 깊이 있게 만들어준다.

이 책은 역사적 사건들을 중심으로 구성되었다. 세계대전, 산업혁명, 금본위제, 브레턴우즈 체제, 닉슨 쇼크와 같은 사건들을 통해 제국의 부상과 몰락을 탐구하며, 오늘날 경제 시스템에 미친 영향을 조망한다. 독자 여러분이 이러한 과거의 교훈을 통해 현재를 이해하고, 더 나은 투자 결정을 내리는 데 필요한 지식과 통찰력을 얻기를 기대한다.

또한 이 책은 경제지표와 유동성 분석을 중심으로 주식과 채권시장의 실제 전망을 다루며, 내가 경험하고 고민했던 투자 전략과 그 과정에서 배운 통찰을 공유한다. 복잡한 경제의 변동 속에서도 큰 그림을 그리며 전략적으로 사고할 수 있도록 돕는 것을 목표로 했다.

이 책을 통해 단순한 정보 제공을 넘어, 여러분의 투자 사고방식을 근본적으로 확장하는 데 기여하고 싶었다. 경제와 금융의 흐름을 더욱 전략적이고 체계적으로 이해하고, 투자 결정 과정에서 보다 명확하고 자신감 있는 선택을 할 수 있도록 돕는 길잡이가 되길 바란다.

2025년 1월

성상현

꺾이지 않는
미국 경제

미국의 계획경제가
시작된다

3부 ▶ 미국 제조업의 귀환, 글로벌 경제에 미칠 파급은?

4부 ▶ 미국은 패권 경쟁의 승자가 될 수 있을까?

5부 인플레이션과 채권 투자

6부 미국 증시, 상승의 문인가, 조정의 길인가?

글로벌 투자 지형은
어떻게 재편될까?

7부

1부

꺾이지 않는
미국 경제

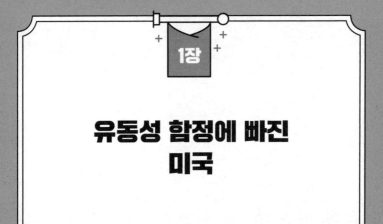

1장

유동성 함정에 빠진
미국

유동성 함정에 빠진 미국

미국의 기준금리는 1980년대 이후로 등락을 거듭했지만, 점차 낮아지는 흐름을 보여왔다. 이로 인해 미국 경제는 점진적으로 '유동성 함정'의 굴레에 빠졌다.

유동성 함정이란 중앙은행이 기준금리를 거의 0%로 낮췄는데도 사람들이 돈을 쓰거나 투자하지 않고, 대신 현금을 쌓아두는 현상을 말한다. 이렇게 되면 돈이 시중에 돌지 않아서 경제가 활성화되지 못하는 문제가 생긴다.

이와 관련된 중요한 개념이 '통화승수Money Multiplier'다. 통화승수는 중앙은행이 공급한 돈(본원통화)이 은행 시스템 내에서 대출과 예금 과정을 거치면서 얼마나 많은 돈으로 불어나는지를 나타낸다. 쉽게 말해, 은행이 사람들에게 돈을 빌려주고, 그 돈이 다시 예금되어 또 다른 대출로 이어지면서 돈이 계속 늘어나는 과정을 나타내는 숫자다.

그런데 유동성 함정 상황에서는 사람들이 현금을 보유하려고 하기 때문에 은행 대출 활동이 줄어든다. 통화승수가 떨어져서 중앙은행이 아무리 돈을 풀어도 경제에 효과적으로 퍼지지 않게 된다. 그래서 통화승수는 중앙은행의 '돈 풀기'가 얼마나 효과적인지를 보여주는 중요한 지표가 된다.

그동안 정부에서 돈을 아무리 풀어도 실물경제보다 자산시장에 훨씬 많은 유동성이 흘러 들어갔다. 그 결과, 너무나 당연하게도 자산 가격이 상승했다.

이런 현상이 발생한 이유 중 하나는 빈부격차다. 빈부격차가 커지면 '한계소비성향Marginal Propensity to Consume'은 줄어드는 현상이 나타난다. 한계소비성향이란 추가 소득이 발생했을 때 이를 소비로 사용하는 비율을 말한다.

소득이 낮은 사람일수록 추가 소득의 대부분을 소비에 쓴다. 반면 소득이 높은 사람은 같은 추가 소득이 생겨도 주로 저축이나 투자를 사용하게 된다. 그러면 장기적으로 경제 전체에서 소비가 줄어들고 총수요도 감소한다. 결국 경기침체를 초래할 수 있다.

통화승수가 낮은 상황에서 경기침체로 이어지면 어떻게 될까? 미국 정부와 연방준비제도(이하 '연준')는 시장에 다시 본원통화를 공급하면서 유동성을 시장에 주입한다.

우려와 달리 성장세를 유지하는 미국 경제

모두가 기억하다시피, 코로나 팬데믹 때도 미국 경제당국이 막대한 본원통화를 공급했었다. 그 이유 역시 통화승수 하락 때문이었다.

그러나 당시 개인들에게 현금을 쥐어주면서 인플레이션 우려가 급격히 상승했다. 엎친 데 덮친 격으로 공급망까지 막히면서 상품 물가도 천정부지로 올랐다. 이 같은 수요를 줄이기 기준금리 인상과 함께 2022년부터 연준은 '역레포(RRP, 역환매조건부채권)'를 사용했다.

역레포는 연준이 금융기관들에게 국채 등 안전 자산을 담보로 제공하고, 그 대가로 금융기관들에게서 현금을 받아오는 방식이다. 금융기관들이 여분의 현금을 일시적으로 연준에 맡기고 일정한 금리를 받는 것이다. 이렇게 하면 시장에 남아 있는 유동성이 줄어들게 된다. (이와 같은 유동성 축소가 어떻게 작용하는지에 대해서는 뒤에서 다시 다루겠다.)

그 결과 자산 가격은 다시 크게 하락했다. 그래서 2022년 상반기 물가가 9.1%로 정점을 찍었을 당시, 나를 포함한 시장 참여자 대부분은 2023년에 경기침체가 오지 않을까 우려했다. 그러나 모두의 우려와 달리, 2023년 미국 증시는 강한 상승세를 보였다. 연준의 긴축이 지속되었는데도, 미국 OECD 경기선행지수는 상방으로 돌아서기 시작했다.

지금까지도 미국 경제는 눈에 띄는 둔화 없이 성장세를 유지하고 있다. 연준과 전문가들은 금리 인상이 소비와 기업 투자를 줄여 경기

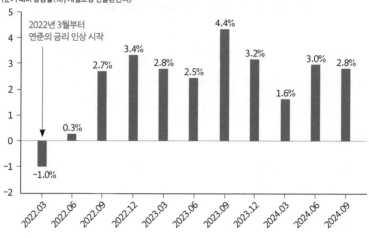

미국 분기별 실질 GDP 성장률

(분기 대비 증감률(%), 계절조정 연율환산치)

2022년 3월부터
연준의 금리 인상 시작

4.4%

3.4%

3.2%

3.0%
2.8%

2.8%

2.7%

2.8%

2.5%

1.6%

0.3%

-1.0%

2022.03 2022.06 2022.09 2022.12 2023.03 2023.06 2023.09 2023.12 2024.03 2024.06 2024.09

자료: bloomberg

를 둔화시키기까지 일반적으로 1년에서 1년 반 정도 걸린다고 예측
했다.

하지만 그 예상이 빗나갔다. 오히려 2024년 2분기 GDP 성장률은
3.0%에 달했다. 이어지는 3분기에도 2.8%의 성장률을 기록, 미국 경
제는 여전히 탄탄한 성장세를 이어갔다. 알고 보니, 미국 정부는 기존
의 틀을 벗어난 새로운 방식으로 시장에 유동성을 공급하고 있었다.

통화량 대신 통화 유통 속도를 조절하다

2023년, 재닛 옐런 미 재무부 장관은 시장에 유동성을 공급하기 위해 단순히 통화량을 늘리는 대신 통화 유통 속도를 높이는 방안을 제시했다. 옐런 장관은 헤지펀드와 역레포에 묶여 있는 유동성을 활용하여 국채를 조달하고, 이렇게 마련한 자금을 정부가 지원하는 핵심 산업에 배분하는 전략을 내놓았다.

이를 통해 정부는 재정적자를 안정적으로 충당하는 동시에 국채 시장의 안정을 유지하고자 했다. 나아가, 정부가 육성하는 산업을 중심으로 높은 성장세를 유지할 수 있는 발판을 마련하려는 것이었다.

일반적으로 정부가 재정적자를 메우기 위해 국채를 발행하면, 민간 투자자나 금융기관이 국채를 구매하게 된다. 그러면 민간의 자금이 정부로 이동한다. 민간 은행의 준비금 계좌에서 정부 계좌로 자금이 이동하는 것이다. 이후 정부가 국채 발행을 통해 조달한 자금을 지출하면, 민간 은행의 준비금 계좌로 다시 들어가게 된다.

결국 준비금 계좌의 변화는 전혀 일어나지 않는다. 즉 민간이 국채를 인수하면 경제 전체의 통화량은 변하지 않는다.

물론 정부 재정 지출의 연쇄 효과로 인해 은행 대출이 늘어나 M2(광의통화량)가 간접적으로 증가할 수는 있다. M2는 통화공급량을 측정하는 지표 중 하나로, 경제 내에서 유통되고 있는 돈의 범위를 나타낸다.

중요한 건, 우리가 알고 있는 상식과 달리 정부의 재정적자는 시중의 통화량에는 영향을 미치지 않는다는 점이다. 정부의 재정적자는 통화량 확대가 아니라, 민간의 자금이 A 그룹에서 B 그룹으로 이동하는 '자금의 재배치' 현상일 뿐이다.

그러나 연준이 국채를 구매할 경우, 연준의 자산 계정에는 국채가 추가되고, 상업은행의 준비금 계좌에 해당 금액이 입금된다. 이로써 정부는 필요한 자금을 조달할 수 있고, 그 결과 시중에 본원통화량이 늘어나게 된다.

투자할 때 눈여겨봐야 할 지급준비금

주식투자를 할 때 나는 유동성을 매우 중요하게 여기는데, 그 중심에 지급준비금이 있다. 지급준비금이 중요한 이유는 명확하다.

은행은 대출을 통해 신용을 창출한다. 이를 통해 금융시장과 실물 경제에 유통되는 유동성을 공급한다. 시중에 유통되는 대부분의 유동성은 은행을 거쳐 공급되기 때문에, 은행의 유동성 공급 능력을 파악하는 것이 매우 중요하다. 그리고 이를 확인할 수 있는 핵심 지표가 바로 지급준비금이다.

지준금이 증가한다는 것은 은행이 대출을 늘리고 있거나, 앞으로 대출을 확대할 수 있음을 의미한다. 특히 코로나 이후 최근까지 지급준비금과 주가의 상관관계는 매우 크다. 그렇기 때문에 연준의 지급준비금 변화를 토대로 주가의 방향을 전망하는 것은 매우 유효하다고 본다.

그럼 어떻게 시중은행의 유동성 변화를 이해할 수 있을까? 그 방법 중 하나는 미국의 중앙은행인 연준의 대차대조표를 분석하는 것이다. 연준의 대차대조표는 자산과 부채가 항상 동일한 금액을 유지하는 항등식의 구조를 가진다. 이를 바탕으로 주요 항목을 정리하면 지급준비금의 변동을 이해할 수 있다. 이를 간소화하면, 지급준비금의 변동은 다음과 같이 정리된다.

> Δ 지급준비금 = Δ SOMA 계정 + Δ 대출 잔액(유동성 지원 창구) − Δ 역레포 잔고 − Δ 재무부 TGA 잔고

이 식을 통해 각 항목이 어떻게 지급준비금에 영향을 미치는지 살펴볼 수 있다.

이 식에서 'SOMA 계정'은 연준이 보유한 증권을 관리하는 계좌로, 위기 상황에서 유동성 공급을 위해 매입한 증권들이 포함된다. SOMA 계정이 증가하면 연준이 자산을 매입해 유동성을 공급한다는 의미다. 반대로 감소하면 연준이 자산을 매도해 유동성을 흡수하는 것을 뜻한다. 2022년 3월까지 연준은 양적완화를 통해 자산을 확대해왔으나, 2022년 6월부터 양적긴축[QT] 정책을 시행하며 자산을 축소하고 있어 SOMA 계정도 감소 추세를 보이고 있다.

또한 연준은 대출 창구(예: 재할인 창구, BTFP)를 통해 은행들에게 긴급 자금을 조달해준다. '대출 잔액'이 증가하면 연준이 은행들에게 유동성을 공급하고 있다는 신호다. 반대로 잔액이 감소하면 은행들이 대출을 상환하면서 시중 유동성이 줄어든다는 것을 의미한다.

'역레포 잔고'는 머니마켓펀드[MMF]나 금융기관들이 연준에 단기적으로 자금을 예치하고 그 대가로 금리를 받는 구조다. 역레포에 자금이 예치될수록 시중의 유동성은 줄어든다. 2022년부터 2023년 1분

기까지, 연준은 역레포 잔고를 활용해 시장의 유동성을 효과적으로 흡수했다. 그러나 2023년 2분기 이후부터 2024년 4분기 현재에 이르기까지, 역레포 잔고는 급격히 감소하며 시장에 유동성을 공급하는 방향으로 전환되었다.

재무부가 연준에 개설한 'TGA 계좌'는 재정 수입과 지출이 모두 반영되는 통장이다. 재무부가 국채 발행이나 세금으로 자금을 확보하면 TGA 잔고가 증가하며, 이는 시중에서 유동성이 흡수된다는 뜻이다. 반대로, 재무부가 재정 지출을 통해 자금을 사용하면 TGA 잔고가 감소하고 시중에 유동성이 공급된다.

이 항등식에 따르면, 다른 요소가 일정할 경우 연준의 SOMA 계정이나 대출 잔액이 증가할 때 지급준비금이 증가하며, 반대로 역레포 잔고나 재무부 TGA 잔고가 증가하면 지급준비금이 감소한다. 즉 은행의 지준금은 연준과 재무부, 그리고 기타 금융기관의 정책적 결정에 따라 지속적으로 변화한다.

이러한 대차대조표 항등식을 통해 우리는 은행의 유동성 상황을 더 큰 틀에서 분석할 수 있다. 이는 경제와 금융시장을 이해하는 중요한 도구가 된다.

그런데 앞으로도 지급준비금이 주가를 전망하는 데 필수적인 요인일까? 그렇지는 않을 것이다. 개인적인 의견이지만, 연준의 양적긴축이 끝난다면, 더 이상 지급준비금 변화를 기준으로 자산시장을 전망하는 것은 무의미할 수 있다. 왜냐하면 지급준비금의 변화가 거의 없을 것이기 때문이다. 다시 말해 양적긴축이 종료된 이후부터는 자산시장에 영향을 주는 또 다른 유동성을 주시해야 한다.

그렇더라도 이 책이 나오는 시점(2025년 초)에는 여전히 양적긴축이 진행되고 있을 것으로 본다. 따라서 지급준비금 추이에 대한 모니터링을 소홀히 하지는 말아야 한다. 더군다나 2025년 1월 1일에는 부채한도 협상이라는 중요한 이벤트가 예정되어 있다.

부채한도 협상이 즉시 될 것으로 예상하지는 않는다. 하지만 협상이 완료된다면 미 재무부는 대규모 국채 발행을 단행할 것이다. 그러면 국채를 통해 조달한 자금이 재무부 현금잔고로 들어올 수 있다. 이는 일시적이지만 대규모 유동성 긴축을 뜻한다.

2025년 상반기 중, 미국 정부의 부채한도 협상이 완료되기 전까지는 재무부의 현금잔고에서 자금이 시중으로 방출될 것이므로 주가도 지금보다 더 높은 수준에 있을 가능성이 크다고 판단한다. 다만 언제든지 유동성 긴축이 일어날 수 있다는 점은 염두에 두길 바란다.

포모^{FOMO, fear of missing out}나 시장에 대한 불안감을 줄이기 위해 일정 부분 자산을 보유하면서도, 현금을 일부 유지하는 전략을 추천한다. 특히, 변동성이 큰 시장 환경에서는 포트폴리오를 더 유리한 가격에 구축할 수 있도록 일부 현금을 보유하는 것이 중요하다. 이는 투자 기회를 극대화할 뿐만 아니라, 심리적 안전 마진^{Safety Margin}을 확보하는 데도 핵심적인 역할을 한다.

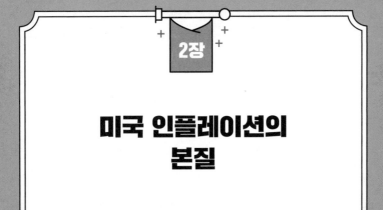

2장

미국 인플레이션의
본질

현재 인플레이션을 분석하는 법

인플레이션은 주로 화폐적 현상으로 간주되지만, 2008년 금융위기 이후 양적완화^{QE} 기간을 살펴보면, 연준과 금융기관을 통한 화폐 유통이 인플레이션을 유발하지 않으면서도 자산 시장의 상승을 견인한 사례를 확인할 수 있다. 이는 유동성이 실물 경제로의 전이보다는 주로 자산 시장에 집중되며, 자산 가격 상승을 초래한 구조적 특징을 보여준다.

그러나 코로나19 대응 과정에서 정부는 전례 없이 대규모로 일반인에게 직접적인 금전 지원을 제공했다. 당시 2020년 코로나 팬데믹 이후 제롬 파월 의장은 인플레이션이 일시적일 것이라고 예상했지만, 2022년 3월부터 인플레이션은 급격히 상승하기 시작했다.

2022년 하반기에는 인플레이션이 하락할 조짐을 보였으나, 일부 경제학자들은 통화량 증가로 인해 2차 하이퍼인플레이션이 발생할 것을 우려했다. 하지만 실제로는 디스인플레이션 추세가 이어졌다.

전문가들의 예측이 빗나간 주요 이유는 지급준비금의 증가가 곧바로 예금 증가와 물가 상승으로 이어질 것이라고 믿었기 때문이다. 이는 중앙은행의 지급준비금이 통화 증감의 핵심 요인이라고 여기는 전통적인 경제학 관점에서 비롯된 생각이다.

그러나 현재의 인플레이션 상황을 제대로 이해하기 위해서는 이러한 주류 경제학적 관점보다 현실에 기반한 분석이 필요하다.

예를 들어, 지급준비금이 증가해도 은행이 대출을 늘릴 필요가 없다면 대출이 자동으로 증가하지는 않는다. 즉 지급준비금이 늘어난다고 해서 항상 경제 활동이 확대되거나 인플레이션이 발생하는 것은 아니다. 하지만 주류 경제학은 여전히 지급준비금과 인플레이션 간의 관계에 지나치게 집중하는 경향이 있다.

지급준비금과 대출의 관계를 이해하는 것은 양적완화가 경제와 인플레이션에 미치는 영향을 파악하는 데 중요한 시사점을 제공한다. 따라서 현재의 인플레이션을 분석할 때는 기존 경제학 이론을 넘어, 실물경제의 복잡성을 반영하는 분석이 필요하다.

인플레이션의 발생 여부를 이해하기 위해서는 앞서 언급한 통화승수와 화폐 유통 속도를 주의 깊게 살펴보는 것이 중요하다. 우선 은행 대출이 증가하면 통화승수도 커질 수 있지만, 대출이 활발하지 않으면 새로운 예금이 창출되지 않아 통화승수는 늘어나지 않는다.

또한 화폐 유통 속도는 경제 내에서 통화^{M2}가 얼마나 빠르게 사용되어 경제 활동을 촉진하는지를 나타낸다. 즉 돈이 소비나 투자에 얼마나 빈번하게 쓰이는지를 측정한다. 이는 실제로 자금이 얼마나 빠르게 순환하고 있는지를 반영하는 중요한 지표다.

은행 대출이 크게 증가하지 않더라도, MMF(머니마켓펀드)나 은행 예금에서 발생하는 이자 수입이 소비로 이어질 경우, 그 자금이 실물 경제로 흘러가 경제 활동을 자극할 수 있다. 예를 들어, 사람들이 이자 수입을 저축하지 않고 소비나 투자에 사용하면 화폐 유통 속도가 증가하고, 경제 내에서 자금 순환이 더 활발해진다.

반면 은행 대출이 증가하더라도 자금이 주로 자산시장으로만 흘러가면 어떨까? 이 경우 소비재나 서비스의 가격 상승과 같은 실물경제 인플레이션보다는 부동산, 주식, 채권 등의 자산 가격이 오르는 자산 인플레이션으로 나타날 가능성이 크다.

물론 자산 인플레이션이 실물경제로 이어질 가능성도 존재한다. 자산 가격이 상승하면 부유층이나 자산 보유자들이 '부의 효과wealth effect'를 느끼게 되고, 그 결과 소비를 증가시킬 수 있다. 부의 효과는 자산 가치 상승이 소비 성향을 높이는 현상을 의미한다. 이러한 소비 증가, 주거비 상승, 생산 비용 증가 등을 통해 자산 인플레이션은 실물경제에도 영향을 미치며, 소비자물가 상승으로 이어질 수 있다.

종합하면, 인플레이션이 일어나려면 자산 가격 상승이 실물경제에 영향을 미치는 경로가 있어야 한다. 대표적인 경로는 부의 효과에 따른 소비 증가, 주거비 상승, 생산비용 증가 등을 통해 자산 가격 상승이 실물경제에서 수요와 비용을 증가시키는 것이다. 즉 자산 인플레이션이 실물경제로 전이되어 소비자물가 상승을 초래하는 메커니즘으로 이어져야 한다. 결국 실물시장의 인플레이션은 자산시장의 버블이 먼저 형성된 이후에 발생한다.

미국의 재정 부양은
항상 인플레이션으로 이어질까?

정부와 연준의 부양 정책은 인플레이션의 위험을 높이는 요소다. 따라서 2024년 9월 시작된 연준의 금리 인하로 인해, 2025년에 또다시 초인플레이션으로 이어질 수 있다는 전망이 스멀스멀 나온다. 과연 그럴까?

영국의 경제학자 윈 고들리Wynne Godley의 이론을 통해 정부의 재정 부양과 인플레이션의 상관관계에 대해 살펴보자. 고들리는 인플레이션의 원인을 단순히 정부의 재정 부양책에서 찾기보다, 국가의 생산 능력과 정부의 조세 징수 능력의 연관성을 강조한다. 그의 주장에 따르면, 인플레이션은 공급망 부족과 정부의 정치적 결정으로 인한 비효율적인 조세 징수로 촉발된다. 거시경제 균형을 유지하는 데있어 공급망의 안정성과 효과적인 부채 관리가 핵심이라는 것이다.

정부 부채, 민간 부채, 대외 부채의 관계는 항등식으로, 이 세 요소는 서로 영향을 미친다. 정부가 부채가 늘면 민간의 부채가 줄고, 정부가 부채를 줄이면 민간 부채가 늘어나는 문제가 발생할 수 있다.

인플레이션에 대한 일반적인 우려와 달리, 고들리는 정부가 충분한 자원을 보유하고 있는 한, 재정부양 자체가 인플레이션을 유발하지 않는다고 주장한다. 인플레이션은 주로 공급 측 요인 또는 과도한 수요 증가 때문에 발생한다.

경제에서 '충분한 자원'이란 주로 경제가 잠재성장률에 도달하지 못하는 상황을 가리키며, 이는 GDP 갭^{gap}으로 측정된다. GDP 갭이 음의 값을 가지면 경제가 잠재 수준 이하로 운영되고 있음을 의미한다. 또 미활용 노동과 자본이 존재하여 인플레이션 압력이 낮아진다는 뜻이다. 반면 GDP 갭이 양의 값일 경우 경제는 잠재 수준 이상으로 가열되며, 이는 인플레이션 압력을 증가시킬 수 있다.

GDP 갭이 음인 상황에서 정부의 재정 부양은 GDP 갭을 줄이는 데 기여할 수 있다. 경제가 잠재 GDP 이하로 운영될 때, 정부 지출을 통한 재정 부양은 총수요를 증가시켜 불황을 완화한다. 또 미활용 자원을 활용하여 경제를 잠재성장률에 가깝게 끌어올릴 수 있다. 이 과정에서 인플레이션이 적절히 관리된다면, 정부의 재정 지출은 경제 성장은 촉진하지만, 높은 인플레이션을 자극하지는 않는다.

따라서 미국의 경제 상황에서 위험 자산 상승 가능성이 가장 높은 환경은 성장률이 강력하고 GDP 갭이 음수일 때다. 이는 경제가 아직 잠재력을 발휘하지 못하고 있음을 의미하며, 정부의 적극적인 재정 정책이 필요할 수 있다는 신호로 해석된다. 고들리의 이론 역시 GDP 갭이 음수일 때 경제 성장을 촉진하는 데 정부의 재정 정책이 중요하다고 강조한다.

정부의 재정적자는 단순한 부채가 아니라 경제 활성화의 주요 도구다. 정부가 적자 예산을 통해 돈을 투입하면, 이는 직접적으로 가계와 기업에 이르러 소비와 투자를 촉진한다.

이는 궁극적으로 경제 성장을 이끌며, 민간 부문에서 수요를 창출하여 생산 활동과 고용을 활성화한다. 민간 부문의 수요가 부족할 때 정부의 적자 지출은 총수요를 유지하거나 증가시켜 경제 침체를 막는 중요한 역할을 한다. 예를 들어, 경제 불황 시에 인프라 프로젝트에 투자하면 관련 산업을 활성화하여 경제 회복을 촉진할 수 있다.

결국 재정적자는 경제 성장을 저해하는 요소가 아니다. 경제 상황에 따라 이를 적절히 활용할 경우 경제 활성화를 도모할 수 있다. 특히 수요가 부족한 시기에 정부의 적자 지출은 경제 회복의 중요한 동력이 될 수 있다.

금리를 올리면 인플레이션이 잡힐까?

2022년부터 시작된 물가 상승의 주요 원인은 공급망 문제였다고 생각한다. 따라서 고금리 정책을 통한 수요 억제는 주요 해결방안이 아니라는 게 내 생각이다. 금리가 오르면 소기업만 더 큰 타격을 받는다. 현재는 기술 전환기로, 고금리는 이러한 전환을 방해하고 있다. 현재의 고금리 정책은 인플레이션 해소에 답이 아닐뿐더러 지속 불가능한 정책이라는 입장이다.

인플레이션 억제와 성장을 모두 이루기 위해서는 정부가 소득세, 법인세, 자본이득세 등을 통해 걷은 세수를 적극적으로 배분하여, 자금을 조달 기술 전환을 지원해야 한다고 생각한다. 즉 무분별한 재정 지출이 아닌 역동적인 산업 정책을 통해 경제를 부흥해야 한다.

그렇다면 재정 부양을 위해 조달된 막대한 부채를 미국 정부는 어떻게 해결할까? 물론 재정 부양 정책은 부채비율을 높이지만 동시에 경제 성장과 물가 상승을 촉진하기도 한다. 장기적으로 보면, 인플레이션이 부채의 실질 가치를 감소시키는 효과를 기대할 수 있다.

인플레이션은 단순한 가격 상승을 넘어서 경제 내에서 권력과 자본의 흐름과 집중 방식을 보여주는 현상이기도 하므로, 이를 더 깊이 이해할 필요가 있다. 이와 관련된 내용은 뒤에서 더욱 심도 있게 다룰 것이다.

이와 같은 인사이트는 경제학자 고들리의 견해에서 비롯되었으며, 현대화폐이론(이하 'MMT')을 기반으로 하고 있다. MMT는 재정적자에 지나치게 얽매이지 말고, 필요할 때 정부가 화폐를 발행해 경제를 안정화할 수 있다는 점을 강조한다.

전통적인 부채 해결 방법은 정부가 지출을 줄이거나 세수를 늘려 상환하는 방식이다. 그러나 미국이 실제로 택할 수 있는 접근은 부채 구조조정보다는 경제 성장을 통해 인플레이션을 유발하여 부채의 부담을 덜어내는 방법일 가능성이 크다.

나는 이 방식이 더 유력하다고 생각한다. 인플레이션이 발생하면 명목 GDP가 증가하면서 부채의 상대적 규모가 감소하기 때문에, 인플레이션을 통해 부채 부담이 완화되는 효과를 기대할 수 있다. 물론 이 과정에서 재정적자와 명목부채는 늘어날 수 있지만, 실질 부채는 줄어들 수 있다.

미국이 어떤 결정을 내릴지는 확실하지 않지만, 경제를 회복하기 위해서는 이념적 접근을 피하고 현실적이고 실질적인 해결책에 집중하는 것이 중요하다는 점은 분명하다.

3장

미국의 국가 부채는
정말 위험한가?

미국 경제를 지탱하는 세 개의 양동이

2024년 9월 기준 미국은 GDP 대비 6% 이상에 달하는 재정적자를 기록하고 있으며, 이는 1929년 대공황 이후 드문 현상이다. 이와 비슷한 수준의 재정적자는 2009년 금융위기와 2020년 팬데믹이었다.

그러나 최근 상황은 과거와는 다르다. 경제는 여전히 강력한 성장을 이어가고 있음에도 미국 정부는 경기 부양을 위해 대규모 지출을 감행하고 있다는 점이 중요한 배경으로 작용하고 있다. 즉 연준의 금리 인상과 같은 긴축 정책에도 불구하고, 정부의 적극적인 재정 지출이 경제 성장을 지탱하고 있다. 과거와 달리, 통화 정책과 재정 정책이 서로 엇갈리는 방향으로 작동하고 있는 특이한 상황이다.

뉴스나 인터넷에서는 미국 정부가 더 이상 적자 국채를 발행할 수 없고, 추가적인 국채 발행은 장기금리 상승을 초래해 결국 미국이 자멸할 것이라는 이야기가 떠돌고 있다. 과연 그럴까? 이에 대해 이해하려면 먼저 미국 경제의 구조를 알아야 한다.

미국 경제학자 스테파니 켈튼Stephanie Kelton은 저서 『적자의 본질』에서 경제를 세 개 부문으로 나누어 설명했는데, 이것을 쉽게 설명하기 위해 양동이에 비유하곤 한다. 미국의 경제는 세 개의 큰 양동이에 비유할 수 있다. 첫 번째는 연방 정부 양동이, 두 번째는 국내 민간 부문 양동이, 세 번째는 외국 부문 양동이다.

정부 부문은 재정 정책을 통해 경제에 자금을 공급하거나 흡수하는 역할을 한다. 정부가 재정적자를 기록하는 경우, 경제에 자금을 공급하게 되어 민간 부문과 외국 부문의 흑자 유발에 기여할 수 있다. 반대로, 정부가 흑자를 기록하게 되면 민간과 외국 부문이 자금을 잃어 다른 부문의 재정 상태가 악화될 수 있다.

민간 부문은 주로 가계와 기업의 자금 흐름을 담당하며, 저축과 투자의 균형을 통해 자금의 수요와 공급을 조절한다. 민간 부문이 흑자를 기록하는 경우, 이는 가계 저축이 증가하거나 기업의 자금 조달이 안정적으로 이루어지는 상태를 나타낸다. 그러나 민간 부문이 흑자를 유지하기 위해서는 정부 또는 외국 부문에서의 적자가 필요하다.

외국 부문은 무역수지와 자본의 흐름을 통해 경제에 자금을 주입하거나 흡수하는 역할을 한다. 외국 부문이 흑자라면, 미국 경제로 외국 자금이 유입되며, 민간이나 정부 부문에서 외국 자금의 수혜를 받을 가능성이 높다는 뜻이다. 반대로 외국 부문이 적자를 기록하면 자금이 유출되며, 이를 민간이나 정부 부문이 메우게 된다.

이 이론은 세 부문의 재정 상태가 서로 맞물려 균형을 이루며 경제를 움직인다는 것이다. 각각의 양동이는 자금의 흐름과 흑자-적자 상태를 나타내며, 한 부문의 흑자 상태는 다른 부문의 적자 상태와 연결되는 관계를 설명한다.

예를 들어, 정부가 적자를 확대하여 경제에 자금을 공급하면, 민간과 외국 부문에 자금이 흘러 들어가 흑자를 유지할 수 있다. 반대로, 정부가 재정 긴축을 통해 자금을 흡수하면 민간과 외국 부문이 적자로 전환될 수 있다.

양동이 이론은 경제 내 부문별 균형을 이해하고, 정부의 재정 정책이 민간과 외국 부문에 미치는 영향을 파악하는 데 유용한 틀을 제공한다. 세 가지 양동이는 상호작용하면서 경제의 균형을 이루며, 어느 한쪽에서 적자가 발생하면 다른 쪽에서 흑자가 나야 한다. 이는 회계적으로 모든 흐름이 일치해야 한다는 원칙을 의미한다.

정부의 적자는 결국 민간의 흑자로 이어진다. 이는 기본적인 거시 경제 원리로, 정부가 적자를 기록할 때, 그 적자는 민간 부문으로 자금이 흘러 들어가 민간의 자산을 증가시키는 역할을 한다. 예를 들어, 정부가 교육, 의료, 인프라 등에 지출을 늘리면, 그 돈은 결국 국민의 주머니로 흘러 들어가 소비와 투자를 촉진하게 된다.

정부 적자는 경제 안정의 도구인가, 불평등의 심화인가?

스테파니 켈튼 교수는 정부의 적자가 민간의 흑자로 이어진다는 점을 강조하며 중요한 관점을 제공한다. 이는 정부 지출이 민간 부문의 자산을 증가시키고 소비와 투자를 촉진한다는 기본적인 거시경제 원리에 기반한다.

예를 들어, 정부가 교육, 의료, 인프라에 투자하면 자금이 국민의 주머니로 흘러 들어가 경제 활동을 활성화한다. 하지만 켈튼은 미국의 예산 절차가 정부를 통화 발행자가 아닌 통화 사용자로 간주해 재정적 제약을 받는다고 잘못 가정하고 있으며, 이로 인해 필요한 사회적 지출을 충분히 하지 못하고 있다고 지적한다.

켈튼 교수의 이론에 따르면, 정부는 물가 안정을 해치지 않는 범위 내에서 재정 지출을 확대해 고용을 창출하고 사회적 필요를 충족시킬 수 있다. 이는 인프라, 교육, 의료 등에서 불평등을 해소하는 데 기여할 수 있지만, 지출이 과도할 경우 인플레이션 위험이 따른다. 켈튼은 이러한 인플레이션을 조절하기 위해 세금 정책 등으로 물가를 안정시킬 수 있다고 주장한다.

켈튼 교수의 주장처럼 정부가 통화 발행력과 재정 정책을 효과적으로 활용하면 경제와 사회의 다양한 문제를 해결할 수 있다고 보는 것이 MMT의 핵심이다. 이 이론은 재정적자에 지나치게 얽매일 필요가 없다는 점을 강조하며, 정부가 필요할 때 화폐를 발행해 자금을 공급하고, 이를 통해 경제를 안정시킬 수 있다고 주장한다.

현재 미국은 MMT의 일부 요소를 채택하고 있으나, 인플레이션 우려로 인해 전방위적 지출 대신 특정 섹터에 자금을 집중하고 있다. 이는 특정 산업의 성장을 촉진할 수 있지만, 다른 분야를 소외시키며 경제적 불평등을 심화시킬 위험도 있다.

미국이 이러한 정책을 지속하는 한, 낙수효과에 대한 기대를 버려야 한다고 생각한다. 과거에는 상위 계층의 부가 아래로 흘러가 경제 전반에 긍정적인 영향을 미칠 것이라 믿었지만, 지금의 정책 구조는 이러한 효과를 충족시키기 어렵다.

다행스러운 점은, 이런 정책 기조가 유지된다면 물가가 급등할 가능성은 낮아 보인다는 것이다. 자산시장에 과도한 투기가 발생하지 않는 한, 인플레이션은 안정적으로 유지될 가능성이 높다.

미국 정부의 부채 증가는 지속 가능할까?

자, 그러면 미국 정부의 부채에 대해 다시 생각해보자. 우선 연방 정부는 달러를 발행하는 주체이기 때문에 달러 부족을 염려할 필요가 없다. 또한 정부 적자는 민간 부문 또는 외국 부문의 흑자와 밀접하게 연관되어 있으며, 이는 경제의 기본적인 원칙에 따른 것이다. 정부가 적자를 내는 것은 민간 부문에 흑자를 유도하기 위한 것이다.

많은 사람이 정부가 민간 대출 기관을 통해 자금을 조달해야 한다고 오해한다. 하지만 실제로 정부는 자체적으로 화폐를 발행할 수 있어 민간 자금을 빌릴 필요가 없다. 더 직설적으로 말하자면, 국채 금리마저도 정부가 스스로 결정할 수 있다.

실제로, 1950년 이전에는 연준이 장기 국채 이자율도 관리했다. 이는 특히 1940년대에 두드러지게 나타났다. 당시 연준의 장기 국채 이자율 관리는 재정적 필요와 전시 경제 안정을 위해 이루어졌다. 비록 1951년 이후 연준의 독립성이 강화되면서 공식적인 국채 금리 관리는 사라졌지만, 연준은 여전히 재정 적자가 커지는 상황에서도 낮은 이자율을 유지할 능력을 가지고 있다.

이러한 능력은 지난 10년간 더욱 명확하게 드러났다. 특히 2008년 글로벌 금융 위기 이후, 미국 경제가 불안정한 시기에도 적자가 늘어났지만, 연준은 이자율을 거의 0%에 가깝게 유지하며 경제를 안정시켰다. 그래서 현명한 투자자들은 '연준과 싸우지 말라'는 교훈을 따른다. 이자율의 방향성이 결정되면 이에 맞춰 대응하는 것이 최선의 투자 전략이라는 것이다. 중앙은행의 정책에 반하는 투자는 결국 손해로 이어질 가능성이 크다.

2023년과 2024년에 인플레이션과의 싸움이 계속되었음에도, 재무부 장관 재닛 옐런은 장기금리 관리를 위해 단기 국채를 대량 발행하며 시장금리를 조절했다. 미국은 이 정도로 과감하다. 인플레이션 우려가 있는 상황에서도 재정적자를 더 가속화한다. 다시 말해 미국의 재정적자는 투자자들의 국채 수요, 글로벌 기축통화로서의 달러화 지위, 강력한 경제 및 금융 시스템을 통한 달러 패권이 유지된다면 얼마든지 지속될 수 있다.

정부 부채가 크게 늘어나는 상황에서도 미국이 안전한 이유

과거 17세기, 네덜란드는 영국-네덜란드 전쟁(1652~1674) 동안 막대한 외부 자금, 특히 유럽 금융 시장에서의 차입에 의존했다. 당시 네덜란드는 금융 중심지로서 강력한 신용 기반을 활용해 전쟁 자금을 조달할 수 있었지만, 반복되는 전쟁은 네덜란드의 해군력과 상업적 경쟁력을 점차 약화시켰다. 이는 결국 해상 패권을 영국에 넘기는 결정적 계기가 되었다.

18~19세기에는 영국이 해상 패권을 장악했지만, 19세기 말에서 20세기 초에 이르러 미국으로 패권이 이동하는 비슷한 양상이 반복되었다. 1차 세계대전 동안 영국은 미국으로부터 대규모 대출과 군수 물자 지원을 받았으며, 2차 세계대전에는 렌드리스 법^{Lend-Lease} ^{Act}을 통해 미국의 군수품 및 자금 지원에 의존했다. 이 자금 지원 덕분에 영국은 전쟁을 지속할 수 있었지만, 대가로 막대한 부채를 떠안게 되었고, 결국 패권의 중심은 미국으로 이동했다.

이런 사례는 외부 자금 의존의 위험성을 보여준다. 외부 자금에 지나치게 의존하면 내부 경제적 자립성이 약화되고, 전쟁 이후 지속되는 채무 부담은 국가적 영향력을 약화시키는 주요 요인으로 작용한다. 역사적으로 패권의 이동은 단순히 군사적 패배나 경제적 문제에 그치지 않고, 외부 자금 의존이 초래하는 구조적 취약성에서 비롯되는 경우가 많았다.

그런데 현재 미국의 정부 부채의 대부분은 국내 투자자들이 소유하고 있다는 점이 중요한 특징이다. 정부 부채가 GDP의 120%에 육박할 정도로 많은 상황이지만, 국채를 주로 국내 로컬 투자자가 보유한 국가들은 국채 금리의 급등을 효과적으로 관리할 수 있는 유리한 위치에 있다. 이는 외국 투자자에 비해 국내 투자자들이 안정적인 수

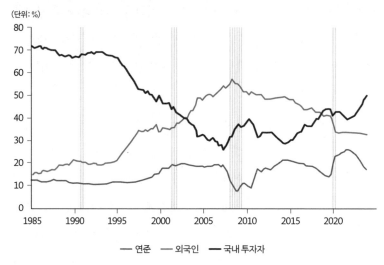

미국 국채 보유(발행된 국채 비율)

(단위: %)

자료: 미국 재무부U.S. Department of the Treasury

요를 제공하기 때문이다.

국내 투자자가 대부분인 경우, 국채에 대한 수요가 비교적 안정적
이다. 자금 조달을 지속하는 데 있어서 크게 문제되지 않는다는 것을
의미한다. 외국 투자자들은 환율 리스크나 국제 금융 시장의 변화에
민감하게 반응해 갑작스럽게 대규모 국채를 매도할 가능성이 있는
반면, 국내 투자자는 자국 통화로 국채를 보유하고 있어 이러한 리스
크가 적다. 국내 투자자는 정부의 재정 정책이나 경제 상황을 이해하
는 만큼 장기적으로 국채를 보유하는 경향이 있기 때문이다.

국내 투자자가 많을수록 중앙은행이 통화 정책을 통해 국채 시장
을 조절할 수 있는 여지도 커진다. 예를 들어, 일본은 대부분의 국채

를 국내에서 소유하고 있으며, 일본은행이 국채를 매입함으로써 금리를 안정적으로 유지할 수 있었다. 중앙은행이 국채를 매입하면 금리 급등을 방지하고 자금조달 비용을 관리하는 데 효과적이다.

예를 들어 일본은 세계에서 가장 높은 국가 부채 비율을 기록하고 있지만, 대부분의 국채가 국내 투자자에 의해 보유되고 있다. 일본은행이 대규모 국채를 매입해 금리를 안정적으로 유지한 덕분에 부채가 증가했음에도 불구하고 국채 금리는 낮은 수준에서 유지되었다.

그 외에 스위스와 스웨덴도 대부분의 국채를 국내 투자자들이 보유하고 있어 국채 금리가 외부 충격에 덜 민감하다. 이들 국가를 보면 독자적인 통화 정책을 가지고 있어, 외환 시장의 변동성에 더 유연하게 대응하는 것을 볼 수 있다.

다만 유로존 국가들은 통합된 유로화 정책을 따르기 때문에 개별 국가가 독립적인 환율 정책을 시행할 수 없으며, 이는 위기 시 대응 능력을 제한할 수 있다. 그리스는 과거 국가 부채 위기로 외환 공격에 취약했던 대표적인 사례다. 그리스 국채는 대부분 외국투자자들이 보유했으며, 재정 위기 때 이들이 대규모로 국채를 매도하면서 금리가 급등하고 국채 발행 비용이 폭등했다. 이는 그리스 경제에 큰 타격을 주었고, 외국 자본 의존으로 인한 부채 위기를 심화시켰다.

2024년 11월말 기준 미국의 부채 비율은 높은 수준에 있지만, IMF 수석경제학자를 역임한 올리비에 블랑샤르는 미국의 부채가 지속 가능하려면 국채 금리(r)가 경제 성장률(g)보다 낮아야 한다고 강조한다. 이 조건이 충족되면 부채 비율은 안정적으로 유지될 수 있지만, 반대로 r 〉 g 상황이 지속되면 부채는 점차 통제 불가능한 수준에 이를 수 있다. 이러한 경우, 재정을 흑자로 전환하거나 강력한 긴축 정책을 도입하지 않는 한 부채 추세는 지속 가능성을 상실하게 된다.

그러나 미국의 상황은 특수하다. 미국 국채의 70% 이상을 국내 투자자들이 보유하고 있기 때문이다. 전쟁과 같은 불가항력적 상황이 아니라면, 미국은 달러 기반 부채 금리를 통제할 수 있는 강력한 능력을 보유하고 있다.

일반적으로 국채 금리는 실질 성장률과 인플레이션에 따라 결정된다고 하지만, 이는 단순히 경제적 논리가 아닌 정치경제학적 역학의 영향을 받는다. 즉 미국은 정책 결정자들이 시장 심리를 주도하며 금리를 관리하고 시장 기대를 조정할 수 있는 독보적인 위치에 있다.

국내 투자자가 많은 국가의 강점이 바로 여기에 있다. 국내 투자자들의 안정적인 국채 수요와 중앙은행의 적극적인 개입 가능성 덕분에, 국채 금리의 급등을 효과적으로 억제할 수 있다. 외환 위기에도 덜 취약한 구조를 가진다. 이는 패권 유지를 위한 매우 중요한 요소로, 미국이 글로벌 패권을 유지하고 확장하는 데 있어서 강력한 기반으로 작용한다.

반대로, 외국 자본에 크게 의존하는 국가는 글로벌 금융 시장의 변동성에 더 민감하며, 부채 관리에 있어 더 큰 어려움을 겪을 수 있다.

과거 패권을 상실한 국가들의 역사적 사례는 미국의 부채 관리 방식뿐 아니라, 앞으로 펼쳐질 미국의 패권 강화 전략을 이해하는 데 중요한 지침이 될 것이다.

미국 경제가
탄탄한 이유

금리 인상에도 성장세를 이어가다

연준이 2022년 3월 금리 인상을 시작했을 당시, 시장과 경제 전문가들은 이 정책이 실제 경제에 영향을 미치기까지 시간이 필요하다는 점에 주목했다. 금리 인상의 효과가 즉각적으로 나타나지 않고 '길고 가변적인 시차'를 두고 작용한다는 것은 잘 알려진 사실이다.

전통적으로, 금리 인상이 경제를 둔화시키기 시작하려면 대략 12개월에서 18개월이 걸린다고 예측된다. 하지만 금리 인상 후 30개월이 지나서도, 미국 경제는 여전히 둔화될 기미를 보이지 않았다. 오히려 2024년 3분기 GDP 성장률이 2.8%를 기록하며, CBO가 추정한 잠재성장률인 2%(연준 1.8%)를 상회했다. 이는 전통적인 긴축 정책의 효과가 예상보다 적게 나타났음을 시사한다.

일반적으로 금리 인상은 소비자 지출과 자본지출을 둔화시켜 경제의 균형을 맞추는 역할을 한다. 하지만 미국 경제는 강한 성장세를 이어가고 있다. 그 이유는 무엇일까?

우선 자산 증가와 가계의 부채 관리 능력을 들 수 있다. 지난 15년간 주가와 주택 가격이 큰 폭으로 상승하면서 미국 가계의 자산 가치가 증가했다. 그 결과 가계의 자산 기반이 강화되었고, 연준의 금리 인상으로 채권 보유자들에게도 상당한 현금 흐름이 창출되었다.

또한 미국 가계의 소득 대비 부채 비율은 캐나다나 호주 등 다른 국가들과 비교했을 때 양호한 상태다. 이는 부채 관리가 상대적으로 잘 이루어졌음을 나타내며, 경제적 유연성을 높이는 요인이다.

미국 가계의 신용카드 부채도 낮은 수준을 유지하고 있으며, 최근 감소 추세를 보이고 있다. 이는 고금리 부채 부담이 줄어들었고 가계의 대차대조표가 건전한 상태임을 보여준다. 고용시장도 여전히 강력한 성장을 이어가며 임금 상승도 견조하게 유지되고 있어, 소비자의 구매력을 높이고 경제 성장을 지탱하는 중요한 역할을 하고 있다.

견조한 소비 심리

소비자들이 고가의 지출에도 기꺼이 돈을 쓰고 있다는 점은 소비 심리가 견조함을 시사한다. 예를 들어, 브로드웨이 공연 관람에 상당한 비용이 들지만, 여전히 많은 사람이 이러한 지출을 감당하고 있다.

물론 소득 양극화가 심화되었지만, 상위 계층이 더 많은 소비를 주도하고 있다. 소득 상위 20% 계층은 전체 소비자 지출의 39%와 전체 소득의 47%를 차지하고 있다. 이들은 지출 규모가 크면서도 MMF 이자 등 현금 자산을 상당히 보유하고 있어 경제를 뒷받침하고 있다. 이 자산은 금융시장에 유동성을 공급하는 역할도 하고 있다.

미시간대학의 소비자심리조사에 따르면, 인구의 30%가 50만 달러 이상의 주식을 보유하고 있으며, 37%는 50만 달러 이상의 주택을 소유하고 있다. 이는 상위 소득 계층의 자산 보유가 높음을 보여주며, 자산 가격 상승에 따른 소비 여력 증가로 이어지고 있다.

특히 이러한 부의 증대는 연준이 금리를 인상하는 동안에도 이루어졌다는 점에서 주목할 만하다. 금리 상승기에도 자산 가치가 상승하면서 상위 계층의 소비가 경제에 중요한 영향을 미치고 있음을 시사하기 때문이다.

주택과 주식을 보유한 가계의 소비는 특히 높은 채권 현금 흐름과 결합되어 경제 전반에 중요한 순풍 역할을 한다. 상위 계층의 자산 보유는 소비 여력의 기반이 되고 있으며, 현재 경제 상황에서 소비를 지탱하는 핵심 요소로 작용하고 있다. 2024년 2~3분기 GDP 성장률은 2.8~3.0%를 기록했다. 이는 경제가 여전히 강력한 성장세를 유지하고 있음을 보여준다.

많은 가계와 기업이 낮은 금리에서 장기적으로 대출을 고정하여 금리 상승에 대한 민감도가 낮아졌다는 점도 주목할 만하다. 특히 기업 측면에서는 낮은 금리로 고정된 비용 구조 하에서 정부 보조금과 지원 정책을 활용해 AI 관련 기술 투자와 생산성 향상을 적극적으로 추진하고 있다. 반도체법CHIPS Act을 통한 대규모 지출은 기업들의 혁신을 가속화하며 경제 성장의 주요 동력이 되고 있다. 또한 인플레이션 감축법^{IRA}과 인프라법$^{Infrastructure Act}$에 따른 정부의 강력한 재정 지출은 생산성과 경제 전반에 걸쳐 큰 기여를 하고 있다.

이러한 요인들은 높은 주가, 축소된 신용 스프레드, 그리고 통화 정책의 긴 시차에도 불구하고 자산시장이 금리 인상의 충격을 견디고 상승세를 이어갈 수 있는 주요 원동력으로 작용하고 있다.

꾸준히 늘어나는 미국 이민자 수

2023년 말까지 가계 조사 취업자와 기업 조사 취업자는 비슷한 속도로 증가했지만, 2024년에 들어서면서 두 지표 간의 괴리가 점차 확대되고 있다. 가계 조사에 따른 취업자는 2023년 11월을 정점으로 지지부진한 흐름을 보이는 반면, 기업 조사에서는 같은 기간 동안 171만 명의 취업자가 증가하며 월평균 21.4만 명이라는 높은 증가세를 기록했다. 이는 장기 평균인 15만 명을 크게 웃도는 수치다.

이러한 상반된 지표는 취업자 순증이 내국인보다 이민자를 중심으로 이루어지고 있음을 시사한다. 가계 조사는 5년에 한 번 표본을 바꾸고 그사이에는 인구 추계를 통해 보정되므로 인구 구조 변화를 즉각 반영하지 못한다. 반면 기업 조사는 본토 출생 여부와 관계없이 실제 고용된 사람을 취업자로 집계한다. 특히 불법 이민자가 대거 유입될수록 가계 조사는 취업자를 과소 추정할 가능성이 높아진다.

미국 의회예산처^{CBO}에 따르면, 불법 이민자는 2022년 190만 명, 2023년 240만 명이 유입되었으며, 2024년 상반기에도 역대 최대 규

미국 불법 이민자 순유입, 조사 방법 간 취업자 차

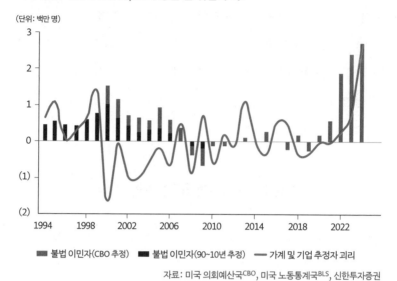

(단위: 백만 명)

■ 불법 이민자(CBO 추정)　■ 불법 이민자(90~10년 추정)　── 가계 및 기업 추정자 괴리

자료: 미국 의회예산국CBO, 미국 노동통계국BLS, 신한투자증권

연도별 미국 불법 이민자 수

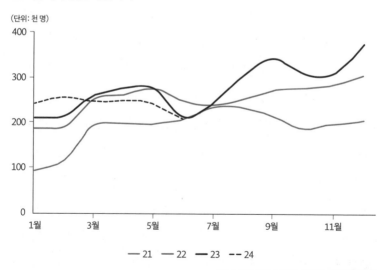

(단위: 천 명)

── 21　── 22　── 23　-- 24

자료: 미국 세관국경보호청CBP, 신한투자증권

모로 증가한 것으로 추정된다. 이는 1990년대 후반에도 비슷한 패턴이 관찰된 바 있다. 당시에도 불법 이민자 유입이 확대되면서 기업 조사 취업자가 가계 조사 취업자를 크게 웃돌았다. 2023년 7월 기준, 기업 조사와 가계 조사 간 취업자 차이는 397.6만 명까지 벌어졌으며, 이는 대부분 이민자 유입에 따른 영향으로 해석된다.

2024년 7월 기준, 이 차이는 265.2만 명이 추가로 늘어나며 월평균 22.1만 명의 증가세를 보였다. 이는 비농업 고용 증가의 대부분이 이민자 유입에서 비롯되었음을 시사한다. 하지만 기존 경제활동인구에 포함된 사람들의 신규 취업은 정체된 것으로 보인다.

이러한 상황은 투자자들 사이에서 혼란을 일으키고 있다. 여러 경제 지표가 상반된 신호를 보내고 있기 때문이다. 고용(급여), GDP 성장률, ISM 서비스 지수, 신용카드 대출 증가와 같은 지표는 경제가 견고하다는 신호를 보이는 반면, ISM 제조업 지수, 주택 시장 활동, 내구재 주문, 기업 대출(C&I 대출), 국내 총소득[GDI] 등은 경제 둔화를 암시한다.

2024년 9월 24일, 최근 몇 년간 이례적으로 크게 벌어졌던 GDI(국내총소득)와 GDP(국내총생산) 간의 격차가 GDI의 상향 조정을 통해 상당히 축소되었다. 또한 개인 저축률 역시 눈에 띄게 상향 조정되며 경제 지표의 재평가가 이루어졌다.

시장의 컨센서스는 GDP가 약화되면서 GDI와의 격차를 줄일 것이라는 관점이 우세했지만, 티미라우스의 트윗과 함께 공유된 기사에서는 상무부의 GDP 수치가 여전히 견고하다는 점을 강조했다. 특히 GDI의 상향 조정으로 두 지표 간의 격차가 축소되었다는 점이 주

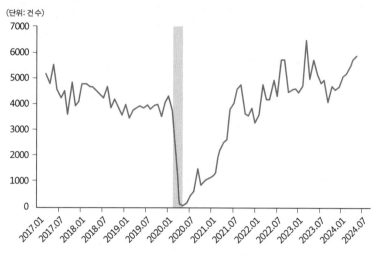

(단위: 건 수)

자료: 미국 국무부 U.S. Department of State

목할 만한 변화로 평가되었다. 과거 경제 사이클에서는 대개 GDP가 GDI를 따라가며 경기 침체로 이어졌지만, 이번 사이클에서는 GDI가 상향 조정되며 격차를 좁힌 점에서 차별화된 양상을 보였다. 나는 이러한 변화가 최근 2년간 대규모로 유입된 불법 이민자들의 경제적 기여와 밀접한 관련이 있다고 보고 있으며, 이로 인해 GDI가 GDP를 따라간 결과로 해석하고 있다.

한편, 2024년 9월 18일 연준은 실업률 지표 둔화를 근거로 기준 금리를 50bp 인하하는 결정을 내렸다. 과정이 어떻든, 실업률 둔화는 연준이 금리 인하를 추진할 수 있는 명분이 되었다.

이민자 유입과 실업률의 관계

실업률 지표는 경제활동인구 중 일자리를 찾지 못한 사람들의 비율을 나타낸다. 하지만 이민자가 급격히 유입되면 노동시장에 새로운 인력이 추가되어 실업률이 증가할 가능성이 있다. 합법 이민자라도 비자의 종류에 따라 노동시장 참여 여부가 달라지며, 이는 수치상 실업률 상승으로 이어질 수 있다. 예컨대 취업 비자로 입국한 사람들은 구직자로 집계되지 않지만, 가족 비자의 경우 구직 의사가 있는 이민자는 실업률 통계에 포함된다.

실업률 상승의 또 다른 이유는 코로나19로 인해 밀려 있던 비자 신청이 대거 처리되면서 노동시장에 참여할 수 있는 사람들이 늘어나고 있기 때문일 가능성도 있다.

흥미롭게도, 불법이든 합법이든 이민자 유입은 미국의 GDP를 높이면서도 동시에 실업률을 상승시키는 이중적 효과를 가져온다. 이는 연준이 금리 인하를 고려할 명분을 제공할 수 있다.

이민자들이 노동시장에 즉시 진입하지 못하거나 취업 의지가 있음에도 일자리를 찾지 못할 경우 단기적으로 실업률이 오를 수 있다. 그러나 경제가 견고하다면, 이민자들의 유입은 결국 취업으로 이어지고, 그들의 소비 활동이 경제 성장을 촉진하게 된다. 이는 새로운 일자리 수요를 창출해 고용을 증가시키며 실업률을 다시 낮추는 선순환으로 연결될 가능성이 크다.

숨겨진 진실은 잘 보이지 않으며, 우리는 종종 표면에 드러나는 정보의 함정에 빠지곤 한다. 때로는 음모론처럼 보일 수 있지만, 틀리더라도 표면 아래에 숨겨진 진실을 파악하려는 노력이 중요하다고 본다. 이민자 유입이 실업률 통계에 단기적으로 영향을 미칠 수는 있지만, 미국 정부가 이 지표를 장기적으로 조작하기는 어렵다.

나는 이러한 정부의 접근이 실업률에 초점을 맞추는 연준의 과잉 완화로 이어져 자산 시장의 과열을 초래할 가능성도 있다고 생각한다. 이는 연착륙 대신 버블 랠리를 촉발할 우려를 내포하고 있으며, 중장기적으로는 경제 안정성을 위협할 수 있는 잠재적 리스크로 작용할 수 있다.

이민을 통한 노동력 확보

노동인구는 경제 성장에 핵심이다. 미국도 우리나라처럼 자연 인구 증가율, 즉 출생률이 점차 감소하고 있다. 이는 출산율 저하와 고령화가 진행되고 있음을 의미한다. 그러나 미국은 상대적으로 높은 순이민율을 기록하며, 이민을 통해 인구 감소를 보완하고 꾸준한 인구 성장을 유지하고 있다.

이민은 미국 노동시장에 활력을 불어넣는 중요한 요소다. 이민자들은 중소기업, 농업, 건설업 등 다양한 산업에 투입되며, 자연 인구 증가율 감소에도 불구하고 성장을 안정적으로 유지하는 데 기여한다.

한편, 일본은 미국과는 상반된 경제적 도전에 직면해 있다. 일본은 세계적으로 인구 감소가 가장 심각한 국가 중 하나로, 출생률이 지속적으로 감소하고 순 이민율도 낮아 인구가 매년 줄어들고 있다. 이는 외국인 노동력 유입 부족과 맞물려 일본 경제 성장의 큰 제약으로 작용하고 있다.

경제 활성화와 성장 잠재력 확보를 위해 각국은 고유의 구조적 문제를 해결할 필요가 있다. 미국은 이민과 재정적 안정성을 활용해 성장 기반을 유지하고 있는 반면, 일본은 인구 감소와 노동력 부족 문제를 해결하지 않는다면 장기적인 경제 성장이 더욱 어려워질 것이다. 이러한 비교는 경제 성장을 좌우하는 요소가 무엇인지 잘 보여주며, 각국의 정책 방향이 얼마나 중요한지를 시사한다.

미국은 이민을 통해 경제 성장을 긍정적인 방향으로 이끌고 있다. 이민자들은 중소기업, 농업, 건설업 등 다양한 산업에 투입되고, 미국은 노동력을 지속적으로 확보할 수 있다.

코로나 이후, 매크로 지표의 균형 회복과 새로운 경제 신호

가까운 미래에 미국 경기가 디플레이션으로 빠질 가능성은 있을까? 이 질문을 둘러싸고 경기 낙관론자와 비관론자의 전망이 갈린다. 낙관론자는 경기의 저점이 이미 지나갔다고 보는 반면, 비관론자는 저점이 아직 오지 않았으며 조만간 나타날 것이라고 예측한다.

흥미로운 점은, 비관론자들이 '언제가 저점일 것인지'에 대해 구체적인 시점을 제시하지 않는다는 것이다. 2024년 4분기에 예상되었던 경기침체가 나타나지 않자, 이들은 '2025년 상반기 어느 시점이 저점이 될 것'이라고 모호하게 시기를 수정한다. 이는 결국 경기침체가 올 것이라는 전제 아래, 그 시점을 정확히 예측하지 못하고 있다는 것을 의미한다.

또한 주가 하락은 종종 경기침체의 신호로 해석되지만, 주가 하락이 경기둔화를 초래하는 것인지, 아니면 경기둔화 전망이 주가 하락을 부추기는 것인지 전후관계는 명확하지 않다. 연준 역시 분기마다 경제 전망을 수정하며 '데이터 의존적data-dependent' 정책을 강조하고 있다.

왜 이렇게 같은 경제 지표를 보면서도 사람들의 해석과 예상이 다르고, 예측이 종종 빗나가는 것일까? 나는 그 이유로 '코로나 사이클의 정상화'를 꼽는다.

예를 들어, 제조업 부문은 팬데믹 당시 일시적인 수요 급증을 겪었지만, 현재는 점차 정상적인 구매 수준으로 돌아가고 있다. 반면, 서비스업은 팬데믹 동안 크게 위축되었다가 이후 점진적으로 회복되고 있는 상황이다. 이 때문에 제조업 지표를 주로 보는 사람들은 경기침체를 예상하지만, 외식업과 같은 대면 서비스업에서 근무하는 사람들은 경기가 너무 좋다고 느끼는 등 상반된 시각이 나타난다.

코로나 이후, 대부분의 매크로 데이터가 한 번 크게 뒤틀렸다고 생각한다. 그러나 최근 들어 제조업과 서비스업 지표 간의 불균형이 점차 해소되면서, 매크로 지표들의 '따라잡기 효과catch-up effect'가 마무리 단계에 접어들고 있다는 판단이다. 2025년에는 두 부문이 보다 일관된 흐름을 보이며 경제 전반에 더욱 명확한 신호를 제공할 가능성이 높아 보인다.

2부

미국의 계획경제가
시작된다

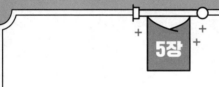

5장

정부의 역할이
중요해진 세상

고전 경제학에서 현대 경제학으로

지난 수십 년 동안 경제 정책의 주요 원칙은 자유시장의 자율적 조정을 신뢰하는 고전 경제학파의 사상에 뿌리를 두고 있다. 고전 경제학자들은 시장이 자율적으로 균형을 찾아갈 수 있는 능력을 지녔다고 보았고, 이를 통해 자원의 효율적 배분이 이루어질 수 있다고 믿었다. 이러한 생각은 18세기 후반부터 19세기 초반까지 리카도와 맬서스 같은 경제학자들의 연구를 통해 더욱 구체화되었다.

고전 경제학파는 인간 사회를 자연의 법칙이 지배하는 생태계의 일부로 이해하며, 시장을 자연스럽게 작동하게 두는 것이 최선이라는 견해를 발전시켰다. 특히 애덤 스미스의 '보이지 않는 손' 이론은 시장에서 개인들이 자신의 이익을 추구하는 과정이 결과적으로 사회 전체의 이익으로 귀결된다는 믿음에서 출발한다.

스미스의 이러한 생각은 시장 경제의 자율성과 자기조정 능력에 대한 신뢰를 뒷받침했다. 이로 인해 경제에 대한 정부의 개입을 최소화하고 시장을 최대한 자유롭게 두려는 노력이 이루어졌다.

데이비드 리카도는 고전 경제학파의 중심 인물로, 무역에 있어 각 국가가 자국의 비교 우위를 가진 분야에 집중함으로써 더 큰 효율성을 창출할 수 있다고 보았다. 리카도의 비교 우위 이론은 시장이 각 국의 자원을 최적으로 배분할 수 있도록 도울 수 있는 자율적 시스템임을 강조한다. 정부의 개입 없이 시장의 힘에 맡기는 것이 최적의 결과를 가져올 것이라고 주장했다.

이러한 관점은 자유무역을 장려하는 논리로 이어졌고, 경제에서 자원의 효율적 배분을 가능케 하는 이론적 근거로 작용했다.

토머스 맬서스는 고전 경제학파의 또 다른 주요 인물로, 그는 인구 증가와 자원 간의 균형을 논의했다. 그의 수확체감 법칙에 따르면, 인구가 기하급수적으로 증가하는 반면, 식량 생산은 산술급수적으로 증가할 수밖에 없다. 그렇기 때문에 그는 인구 과잉과 자원 부족으로 인한 빈곤이 필연적일 수밖에 없다고 주장했다.

맬서스는 이를 해결하기 위해 전쟁이나 전염병과 같은 자연적 재앙이 인구를 줄이고, 이에 따라 시장이 균형을 찾아갈 것이라고 보았다. 이러한 논리는 정부의 개입보다는 자연적인 과정에 맡기는 것이 결국 인간 사회에 적합한 균형을 가져올 것이라는 신념을 강화했다.

윌리엄 타운젠드도 인간을 동물처럼 자연의 일부로 간주했다. 그는 자연적 균형이 인간 사회에도 적용될 수 있다고 믿었다. 특히 가난한 이들을 돕기 위해 운영되던 구빈법을 반대했다. 사람들이 자연적인 과정에서 굶주리거나 죽음에 이르면 노동 공급이 줄어들고, 이에 따라 임금이 다시 상승하게 될 것이라는 논리를 제시했다.

타운젠드는 빈곤 문제를 해결하기 위해서는 인위적인 지원이나 정부 개입보다는 시장의 자연스러운 균형을 통해 해결해야 한다고 주장한 것이다.

자유시장과 정부의 개입, 균형이 필요하다

리카도와 맬서스 그리고 타운젠드의 이론은 시장을 자연에 맡겨두면 균형이 찾아올 것이라는 자율적 시장 경제의 근본적인 신념을 구축했다. 이들은 인간 사회를 자연의 일부로 간주하고, 경제에서의 정부 개입을 최소화함으로써 자원의 효율적 배분과 사회 전체의 번영을 추구할 수 있다고 보았다.

시장이 외부 간섭 없이 스스로 균형을 찾아가는 힘을 지닌다는 고전 경제학파의 관점은 이후 수십 년간 자유시장 원리가 경제 정책의 핵심 기둥이 되는 데 큰 영향을 미쳤다.

하지만 이러한 이상적 믿음이 실제 현실에 그대로 적용되지는 않았다. 산업화가 진전되면서 빈곤과 불평등이 심화되었기 때문이다. 사회는 시장의 자율성만으로 해결되지 않는 문제들을 경험하게 되었다. 이로 인해 시장의 자율성만으로는 사회적 불평등과 경제적 불안정 문제를 해결할 수 없다는 점이 점차 명백해졌다. 그리고 정부의 개입이 필수적인 요소로 인식되기 시작했다.

고전 경제학파의 시장 자율성 원칙이 오랫동안 경제 정책의 근간이 되었다. 그러나 현대 경제는 단순한 자율 조정으로는 해결되지 않는 복잡한 문제에 직면하고 있다. 산업화와 기술혁신으로 인한 급격한 경제 변화와 글로벌화는 단순히 시장에 맡겨두기에는 위험성이 크다는 점을 증명했다.

오늘날 세계 경제는 환경 문제, 불평등 문제 그리고 정치적, 경제적 갈등을 해결하기 위해 자율적 시장과 정부의 개입이 균형을 이룰 필요가 있다는 점을 강조한다. 이에 따라 현대 경제학은 시장 자율성과 정부의 역할을 재평가하고 조정하는 데 집중하고 있다.

급격한 기술의 발전, 정부의 역할이 중요해진다

지난 40년간 경제는 주로 자유시장의 원리에 의해 움직인다는 사고방식이 지배적이었다. 하지만 많은 자본주의 국가도 필요에 따라 정부 주도의 계획경제로 시장을 이끌어왔다. 앞으로는 자원 배분을 단순히 시장에 맡기는 것이 아니라, 정부가 보다 적극적으로 개입하는 시스템으로 전환될 가능성이 커 보인다.

현대 사회에서 기술 혁신, 특히 AI와 같은 기술 발전은 자율적이고 빠르게 진행되고 있지만, 이러한 변화가 불러오는 사회적 영향력은 쉽게 가늠하기 어렵다. 많은 사람이 기술과 경제의 발전이 곧 사회의 발전을 의미한다고 생각하지만, 변화가 사회적 혼란과 불안정성을 초래할 수도 있다는 점을 간과하기 쉽다.

이러한 변화가 기존 사회 구조와 전통적 가치에 위협이 될 수 있다. 이에 따라 사회는 그 변화를 수용하기보다 저지하려는 경향을 보이기도 한다. 예를 들어, 우버Uber와 같은 플랫폼 경제가 전통적인 택시 산업에 영향을 미치면서 강한 저항이 발생한 사례가 있다. 단순히 기술의 진보가 자동으로 긍정적인 변화를 가져오는 것이 아니라, 예상치 못한 갈등과 사회적 불안을 초래할 수 있는 것이다.

이런 상황에서 정부의 역할이 더욱 중요해진다. 급격한 기술 발전과 경제적 변화가 일어날 때, 시장이 모든 문제를 해결할 것이라는 자율적 논리에만 의존하기 어려울 수 있다. 이때 정부는 변화의 속도를 조절하고, 그로 인한 사회적 충돌과 불안을 완화하는 역할을 한다.

따라서 단순히 시장의 자율성에 의존하기보다는 정부가 변화의 방향을 주도하여 사회적 갈등을 최소화하고 경제의 지속 가능성을 높이는 것이 중요하다. 이는 국가가 주도하는 경제 성장 전략의 필요성을 뒷받침하며, 사회적 안정성을 보장하는 동시에 기술과 경제의 발전을 조화롭게 이끌어가는 데 중요한 역할을 할 수 있다.

정부 주도
경제 관리의 역사

정부 주도의 경제 관리, 디리지즘

정부의 과도한 개입은 시장의 자율성을 침해하고 자원의 비효율적인 배분을 초래할 수 있는 위험이 있다. 그러나 특정 산업을 발전시키고 국제 경쟁력을 높이기 위한 정부의 주도적인 역할은 긍정적인 효과를 가져올 수도 있다. 특히 역사적 사례들로 미뤄볼 때, 시장이 불안정한 상황에서 정부의 개입은 경제적 안정을 제공하고, 장기적인 목표를 설정해 이를 계획적으로 추진할 수 있다는 장점이 있다.

정부 주도의 경제 관리, 이것을 프랑스에서는 '디리지즘^{Dirigisme}'이라고 하는데, 제2차 세계대전 이후 프랑스가 경제 재건과 산업화를 위해 채택한 국가 주도적 경제 전략을 의미한다. 이 용어는 금융 전략가인 러셀 내피어가 한 인터뷰에서 미국 정부가 앞으로 인플레이션과 경제 정책을 어떻게 이끌어갈지에 대해 언급하며 다시 주목받게 되었다.

제2차 세계대전 전후 유럽 대부분이 그렇듯이, 프랑스 또한 전쟁으로 인해 경제가 크게 파괴되었고, 이를 재건하기 위해 정부 주도의 경제 관리가 필요했다. 당시 프랑스 정부는 전쟁으로 파괴된 인프라 복구와 고도 성장을 위해 국가 주도 계획경제를 택하게 되었다.

그리하여 1946년 프랑스 계획청을 통해 장기적인 경제 발전 계획을 수립하고 특정 산업을 지원했다.

프랑스 계획청은 주기적으로 5개년 계획을 세워 주요 산업의 목표와 전략을 수립했다. 이 계획을 통해 각 산업이 달성해야 할 목표와 세부 전략이 제시되었으며, 이를 통해 프랑스 경제 전반이 성장할 수 있는 기반을 마련했다. 프랑스 정부는 항공, 철강, 자동차, 원자력, 전자 등 전략적으로 중요한 산업에 자금을 지원하고 집중적으로 육성했다. 이러한 전략적 산업을 우선적으로 육성하는 방식을 통해 프랑스는 빠른 경제 성장을 이루었다.

프랑스 정부는 주요 산업에 대한 지분을 확보하고, 일부는 아예 국유화했다. 철도, 에너지, 통신, 은행 등이 국유화되어 정부의 직접 통제하에 놓였고, 이로 인해 정부는 이들 산업에 대해 큰 영향력을 행사할 수 있었다. 디리지즘은 정부, 기업, 노동조합 간의 사회적 합의와 협력을 중시한다. 정부는 노동자의 권익을 보장하며 산업 경쟁력을 강화하는 정책을 수립했고, 노동조합과의 협력으로 사회적 안정을 유지했다.

디리지즘의 대표적인 성공 사례는 프랑스의 항공, 원자력, 철강 산업 육성에서 찾을 수 있다. 이들 산업은 디리지즘 체제하에서 집중적인 지원을 받았으며, 프랑스는 이를 통해 고도 성장을 이룰 수 있었다. 특히 에어버스Airbus와 같은 세계적인 항공기 제조 회사가 프랑스 주도의 정책적 지원을 통해 성장했으며, 프랑스 전력공사EDF는 국가의 원자력 발전 프로그램을 주도하면서 프랑스는 원자력 강국으로 자리 잡았다.

그러나 디리지즘은 몇 가지 한계도 드러냈다. 정부의 과도한 개입은 경제 활동의 자율성을 저해하고, 민간 부문의 효율성을 낮추는 결과를 초래했다. 특히 1970년대 오일쇼크 이후 프랑스의 디리지즘 모델은 경제 침체와 함께 한계를 맞이했다.

정부 주도의 산업 육성은 주요 산업의 경쟁력을 높이는 데 기여했지만, 소규모 민간 기업의 창의성과 자율성을 저해하여 장기적으로 민간 부문의 경쟁력 약화로 이어졌다. 디리지즘은 정부와 특정 산업에 대한 자원의 집중 투자를 의미하기 때문에 일부 지역과 산업의 발전이 저해될 수 있었다. 이로 인해 경제적 불균형과 사회적 불만이 초래되었다.

1970년대 후반 디리지즘의 한계가 드러나면서 프랑스는 점차 시장 경제의 원칙을 도입하고 민영화와 규제 완화로 전환하게 되었다. 1980년대에 접어들면서 프랑스는 국유화된 산업의 민영화를 추진했으며, 시장의 자율성을 존중하는 방향으로 정책 기조를 변경했다.

그러나 디리지즘이 프랑스 경제에 미친 긍정적인 영향은 현재까지도 이어지고 있다. 여전히 정부는 주요 산업에서 일정한 영향력을 유지하며 국가 전략 산업을 보호하고 있다.

영국과 독일의 정부 주도 경제 성장

디리지즘적 접근은 다른 국가에서도 역사적으로 여러 차례 채택된 바 있다. 세계대전 이후 영국과 독일 역시 정부 주도의 경제 개입을 통해 재건과 산업 발전을 이룬 대표적인 사례다. 두 나라는 경제 발전을 위한 정부 개입과 시장 조정의 균형을 찾는 과정에서 다양한 시도를 통해 고유한 경제 체제를 발전시켜왔다.

우선 영국은 제2차 세계대전 이후 전후 복구와 사회 복지를 강화하기 위해 광범위한 정부 주도 경제 정책을 펼쳤다. 1945년 노동당이 정권을 잡으면서 영국 정부는 사회주의적 경제 정책을 채택하여 주요 산업을 국유화하고, 강력한 사회 복지 제도를 구축했다.

영국 정부는 석탄, 철도, 철강, 전력, 통신 등 주요 산업을 국유화하여 직접 통제했다. 이는 산업을 안정시키고, 전후 복구를 가속화하기 위한 조치로, 1947년에는 주요 에너지와 철도 산업이 국유화되었다. 그러나 1970년대 후반까지 일부 국유 기업들은 경쟁력 저하와 비효율성 문제를 겪기도 했다.

영국 정부는 전 국민의 삶의 질을 향상하기 위해 보편적 사회 복지 제도를 구축했다. 1946년 국민보험법을 통해 실업보험, 의료보험, 연금 제도를 도입했고, 1948년 국민보건서비스NHS를 설립해 무상의 의료 서비스를 제공했다. 이는 영국 복지국가의 핵심 제도로 자리 잡았으며, 보편적 복지를 통해 노동 인구의 건강과 안정성을 지원했다.

영국의 국유화와 복지국가 건설은 전후 복구와 국민 생활 안정에 기여했으나, 장기적으로는 국유 기업들의 비효율성 문제가 드러났다. 지나친 국유화와 규제가 장기적으로 산업 경쟁력을 저하할 수 있다는 우려도 제기되었다.

1970년대에는 경제 침체와 함께 복지 제도 유지에 따른 재정 부담이 증가하면서 한계가 명확해졌다. 결국 1979년 마거릿 대처의 집권 이후에는 민영화와 규제 완화로 전환하는 방향을 택하게 되었다. 이는 1980년대 대처 정부의 민영화 정책으로 이어졌다.

영국의 사례는 정부 개입이 필요할 때와 시장에 자율성을 되돌려야 할 시점을 적절히 판단하는 게 중요하다는 점을 보여준다.

한편 독일은 전후 재건 과정에서 사회적 시장경제 모델을 채택하여 경제적 자유와 사회적 형평성을 동시에 추구했다. 당시 독일 정부가 추구했던 사회적 시장경제는 자유 시장 경제의 원칙을 유지하면서도 경제적 약자를 보호하기 위한 사회적 조치를 더한 체제다.

독일은 1949년 기본법 제정을 통해 시장경제 체제를 명확히 했으며, 이를 바탕으로 경제부흥을 시작했다. 정부는 주요 규제와 통제를 유지하면서도, 시장 원리에 따라 기업 활동을 자유롭게 보장했다.

독일 정부는 제조업과 중소기업을 중심으로 주요 산업을 지원했다. 특히 자동차, 기계, 화학 산업 등 고부가가치 제조업 분야에서 경쟁력을 키웠다. 또한 노동조합과 기업 간의 협력을 장려하여 사회적 합의를 이루고, 안정적인 노동시장 환경을 유지했다.

독일은 시장 원칙에 입각해 자본주의의 장점을 살리되, 사회적 불평등을 최소화하려는 노력을 기울였다. 실업보험, 공공 의료보험, 연금 제도 등 다양한 사회적 안전망을 강화하여 모든 계층이 경제 성장을 공유할 수 있도록 했다. 이는 사회 통합을 촉진하며, 안정된 노동력을 제공함으로써 경제 성장을 뒷받침했다.

독일의 사회적 시장경제 모델은 고도 성장과 사회적 안정성을 동시에 이루며 경제 발전의 성공 사례로 평가받는다. 정부가 경제를 직접 통제하지는 않지만 산업 정책과 사회적 안전망을 통해 경제적 균형을 조정하고, 경제 위기 시에는 필요한 조치를 신속히 취함으로써 지속적인 경제 성장을 이루어냈다. 독일은 유럽 통합과 더불어 강력한 경제 기반을 유지하며 유럽 내 경제 대국으로 자리 잡았다.

미국과 아시아의 디리지즘

미국을 비롯하여 아시아의 신흥 경제국들, 특히 한국, 일본, 대만은 정부가 경제를 강력하게 통제하면서 빠른 산업화를 이루었다. 이러한 정책들은 디리지즘의 요소를 내포한다. 다만 일부 경제학자들이 자유시장 경제학에 집중하면서 이 시스템의 작동 방식을 잊은 것뿐이다.

미국의 디리지즘은 1930년대 뉴딜 정책으로 거슬러 올라간다. 뉴딜정책은 1930년대 대공황을 극복하기 위해 프랭클린 루스벨트 대통령이 주도한 일련의 경제·사회 개혁 프로그램이었다.

당시 미국 정부는 경제 활동을 직접 관리하고 개입하여 고용 창출과 경제 재건을 촉진하는 데 중점을 두었다. 긴급 은행법을 통해 금융 시스템의 안정을 도모하고, 공공사업진흥국[WPA]을 통한 대규모 공공 인프라 프로젝트로 일자리를 창출했다. 또한 사회보장법을 도입해 실업보험과 노령연금을 통해 사회적 안전망을 강화하고, 농업조정법AAA으로 농산물 가격을 안정화했다.

뉴딜 정책은 대공황에서 경제 회복을 돕고, 미국 역사상 연방 정부가 적극적으로 사회 문제를 해결하는 복지국가의 기초를 마련한 사례로 평가된다.

이번에는 아시아 국가들을 살펴보자. 일본은 1950년대부터 1980년대까지 정부 주도의 산업 정책을 통해 급격한 경제 성장을 이루었다. 일본 경제산업성MITI은 철강, 조선, 자동차, 전자 산업을 우선 육성하며 자금 조달, 규제 완화, 기술 이전 등의 방법으로 경제 성장을 도모했다. 이는 일본을 세계적인 산업 강국으로 도약시키는 데 기여했으나, 지나친 정부 개입이 장기적으로는 시장 자율성을 저해해 1990년대 버블 경제 붕괴로 이어졌다.

대한민국도 1960년대부터 정부 주도의 경제 발전 전략을 추진했다. 박정희 정부는 경제 개발 5개년 계획을 통해 중공업, 철강, 조선, 전자 등 주요 산업에 재정 지원과 정책적 우대를 제공했다. 한국개발연구원KDI과 한국산업은행KDB이 정부와 민간 간 협력의 중심 역할을 했으며, 이를 통해 자원의 효율적 분배와 기술 개발을 촉진했다.

이러한 국가 주도 경제 성장은 한국을 신흥공업국가NICs로 성장시키는 데 크게 기여했으나, 대기업 중심의 경제 구조로 인해 중소기업과의 격차와 경제 불균형이 발생하는 부작용도 있었다.

대만은 1960년대부터 정부 주도의 경제 발전 전략을 통해 제조업 중심의 경제 구조를 확립하고, 이후 기술집약적 첨단 산업으로 구조 전환에 성공했다. 대만은 수출 지향 정책을 통해 섬유, 전자, 가전 등의 노동집약적 제조업을 육성했으며, 1980년대에는 신주과학단지와 같은 첨단 산업 클러스터를 조성하고, 외국 기업과의 기술 협력을 통해 반도체와 전자 산업을 발전시켰다.

대만은 중소기업 중심의 산업 구조를 바탕으로 안정적인 경제 성장 기반을 마련했으며, 이러한 전략을 통해 세계적인 반도체 제조 중심지로 성장했다.

중국도 개혁개방 이후 경제 성장과 산업화를 위해 국가 주도의 경제 정책을 채택했다. 중국은 제13차 경제 5개년 계획에서도 기술 혁신과 고부가가치 산업을 목표로 디리지즘적 접근을 취했으며, 국유기업 중심의 경제 체제를 유지하며 산업을 지원하고 규제했다. 그러나 국유기업 중심의 구조는 장기적으로 비효율성과 자원 배분의 왜곡을 초래할 수 있다.

요컨대 디리지즘은 정부가 특정 산업을 육성하고 자원을 배분하는 방식을 통해 경제 성장과 산업구조 개편을 이루고자 했다. 이러한 접근은 일본, 한국, 대만, 중국, 러시아 등에서 비슷한 사례로 나타났다. 이들 나라의 경험은 디리지즘적 경제 모델이 단기적으로는 경제 성장에 기여할 수 있지만, 장기적으로는 정부 비효율성과 민간 혁신 저해라는 한계에 직면할 수 있음을 시사한다.

미국의 뉴딜 정책과 유럽국가, 그리고 일본, 한국, 대만 등 아시아 국가의 경제 발전 모델은 경제 위기와 구조적 변화를 극복하기 위해 정부가 주도적으로 개입했던 중요한 사례다. 이는 디리지즘적 요소를 통해 경제 성장을 촉진하고 산업 기반을 강화한 사례로 평가된다.

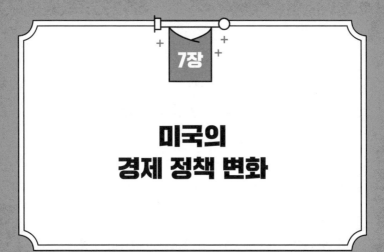

7장

미국의
경제 정책 변화

과거와 현재를 잇는 미국의 경제 정책

바이든 정부 시절 미국의 경제 정책은 '클린턴노믹스'에 기초했다. 클린턴 시대의 경제 정책을 참고하면 현재의 미국 경제 상황을 이해하는 데 유용할 수 있다.

현재 미국 정부는 특정 섹터에 보조금을 지급하는 공급자 우대 정책을 시행하고 있다. 이는 광범위한 공급자 우대 정책의 일환이다. 이러한 정책은 중국을 경제 공급 체인에서 배제하려는 시도와 병행되고 있다.

물가 안정은 공급 증대를 통한 공급자 우대 정책으로 이루어지며, 경제 성장 정책이 실행되고 있다. 이는 시장의 비효율성과 정부 개입의 필요성을 강조하며, 정부의 역할을 통해 경제가 안정화되고 성장할 수 있다는 관점을 지지한다.

클린턴 정부는 1997년 자본이득세를 28%에서 20%로 단계적으로 인하하고, 인터넷 산업에 세금을 부과하지 않으며 사실상의 세금 자유 지대를 조성하는 등 여러 감세 정책을 추진했다. 이러한 감세 정책들은 경제를 확장하는 데 중요한 역할을 했고, 이는 연방정부의 세수 증가로 이어졌다.

결국 클린턴 대통령 재임 중 미국은 흑자 재정을 기록할 수 있었다. 소득세 인상과 자본이득세 인하가 균형을 이루면서 세수가 증가했기 때문이다. 만약 클린턴 정부가 자본이득세 인하를 하지 않았다면, 당시 미국 경제의 모습은 크게 달라졌을지도 모른다. 이 사례는 감세 정책이 경제 성장에 긍정적인 영향을 미친 좋은 예로 평가될 수 있다.

다만 이 같은 재정 흑자가 민간 부문의 흑자 감소로 이어졌고, 이후 닷컴 버블 붕괴를 초래한 원인 중 하나가 되었다는 주장도 있다. 흑자 재정이 필연적으로 재정 안정성을 높이는 것은 아니라는 관점도 분명 존재한다.

계획경제를 위해 꼭 필요한 재정 안정성

미국이 계획경제 방식으로 성장률을 높여가고자 한다면 재정 안정성을 유지하는 것이 매우 중요하다. 재정적자를 줄여야 한다고 말하는 것이 아니다. 재정적자를 유연하게 잘 운영해야 한다는 뜻이다. 만약이에 실패한다면, 미국의 금융 패권이 흔들릴 수 있다.

재정 안정성을 유지하기 위해서는 적자 국채 발행이 필요할 때 내국인의 수요가 강하게 뒷받침되는 것이 중요하다. 내국인이 국채의 주요 매입자로 존재하는 한 외부 자본의 의존도가 낮아지기 때문이다. 이는 미국이 세계 경제에서 주도적인 역할을 지속하는 데 중요한 조건이 된다.

제1차 세계대전 당시 금융 패권을 쥐고 있던 영국의 사례는 내국인 수요의 중요성을 잘 보여준다. 영국은 전쟁 비용을 충당하기 위해 대규모 국채를 발행할 수밖에 없었고, 그 결과 전쟁 후 부채는 크게 증가했다. 그러나 상당 부분의 국채가 외국인 투자자들에게 매입되면서 영국의 경제와 금융 시장은 외국 자본의 흐름에 민감하게 반응하게 되었다.

영국은 전후 경제 재건과 국채 상환에 대한 부담을 안게 되었고, 이러한 상황에서 외국인 자본에 대한 의존도가 높아졌다. 특히 외국 자본의 유출이 발생할 경우 영국 경제는 통화 위기나 경제적 불안에 직면할 위험이 커졌고, 이는 영국의 금융 안정성을 크게 약화시켰다.

더욱이 전후 재정 적자가 지속되면서 영국은 추가적인 국채 발행을 멈출 수 없는 상황에 이르렀고, 이에 따라 외국인 보유 비중이 증가했다. 이는 영국 경제의 자주성을 약화시키고, 더 많은 자금을 외부에서 조달해야 하는 압박을 불러왔다. 결과적으로, 영국은 금융 시장의 변동성에 더 크게 노출되었으며, 금융 패권을 유지하는 데 점점 어려움을 겪었다.

사실상 제1차 세계대전이 이후, 영국은 더 이상 세계 경제의 중심에 있지 못하고, 미국이 금융 패권을 장악하기 시작했다. 전쟁 후 미국은 경제적으로 강력한 지위를 구축했고, 브레턴우즈 체제를 통해 달러화를 세계 기축통화로 만들어 국제 경제에서 주도적인 위치를 차지했다. 이러한 영국의 사례는 미국에게 좋은 본보기가 되었을 것이다.

미국은 재정 안정성을 유지하기 위해 외국 자본에 대한 과도한 의존을 경계하며, 내국인의 자금 수요를 확보하는 것이 금융 패권을 유지하는 데 필수적이라는 점을 잘 알고 있을 것이다. 그리고 이는 향후 미국이 경제적 패권을 유지하는 데 중요한 전략적 요소로 작용할 것이다.

재산업화를 위한 인프라 투자

AI와 반도체 산업이 중요한 전략 산업으로 떠오르면서, 미국은 이러한 산업을 자국에서 키워야 한다는 필요성을 강하게 인식하기 시작했다. 미국은 글로벌 경제에서 주도적 위치를 유지하기 위해 첨단 기술 산업을 중심으로 한 재산업화를 추진하고 있다.

실제로 미국은 AI 기술 개발과 활용에서 선도적인 위치를 차지하고 있으며, 이를 통해 큰 경제적 이득을 보고 있다. 그런데 자유주의적 방식만으로는 한계가 있다는 점을 깨닫고, 정부가 주도적으로 나서야 한다는 인식이 확산되고 있다. 과거에 경제 발전과 국가 재건을 위해 정부가 주도적으로 계획경제를 운영했던 것처럼, 재산업화를 위해 정부의 적극적인 개입이 필요하다고 보는 것이다. 그래서 대형

IT 기업들은 미국 정부의 지원을 받아 기술 혁신을 주도하고 있다.

이처럼 AI 기술이 확산되면서 전력 수요도 커진다. 그래서 데이터 센터 운영과 전력 인프라에 대한 수요가 더욱 커질 전망이다. 또한 구리는 전력망을 포함한 건설, 전자제품 등 여러 산업에 필수적인 자원으로, 현재 글로벌 구리 수요는 미국과 중국의 제조업 회복과 맞물려 더욱 증가하고 있다.

이에 대비하기 위해서는 국가 전반에 걸친 노후화된 인프라 문제를 해결하는 것이 시급하다. 지난 수십 년간 도로, 항만, 전력망 등 주요 공공 인프라가 심각하게 낡아가며, 경제 성장과 국가 안전에 큰 위협 요소로 작용하고 있다. 전력망의 노후화는 재산업화를 위한 필수 인프라인 에너지 공급 안정성을 저해할 수 있다.

사실 미국의 인프라 문제는 트럼프 행정부 시절부터 공론화되었다. 도로와 항만, 교량의 노후화로 인해 교통 혼잡과 안전 문제가 빈번하게 발생하고 있다. 전력망의 경우에도 상황은 심각하다. 전력망 고정 자산의 평균 연식이 26년을 넘는다. 상무부의 2020년 보고서에 따르면 미국의 변압기 중 70% 이상이 25년 이상 사용되었으며 평균 연식은 38년에 달한다고 밝혔다.

이러한 구조는 대규모 정전 위험을 안고 있어, 안정적인 에너지 공급을 위해 전력망의 전면적인 재구축이 필요하다. 전력망 개선은 단순히 기술적 업그레이드에 그치는 것이 아니라, 미래 산업의 기반을 다지기 위한 핵심 요소다. 특히 첨단 산업에 적합한 전력망의 현대화는 국가 경쟁력을 유지하는 데 필수적이다.

노후화된 인프라를 개선하기 위해 2050년까지 21조 달러 규모의 투자가 계획되어 있다. 이런 상황에서 하이테크 설비 투자 전망은 긍정적이지만, 실제 첨단산업의 가동률은 여전히 정체된 상황이다. 이는 투자와 실질적인 생산 활동 간의 괴리를 나타내며, 장기적인 인프라 투자 계획이 필요한 이유이기도 하다.

요컨대 미국이 재산업화를 성공적으로 추진하기 위해서는 안정적인 전력 공급과 안전한 인프라 확충이 핵심이다. 첨단 기술을 기반으로 한 새로운 성장 동력을 확보하려면 기존의 노후 인프라를 빠르게 재건해야 하며, 정부의 리더십이 필요한 시점이다. 전력 인프라 확장은 AI와 반도체, 신재생 에너지, 전력 기기 제조업체에게 새로운 기회를 제공할 것이다.

정부와 대형 기술 기업들의 AI 및 인프라 투자는 장기적으로 미국 경제 성장에 중요한 축으로 자리 잡고 있다. AI와 인프라 투자가 미국의 산업 부흥을 어떻게 이끌어갈지, 그리고 이 투자 사이클이 글로벌 경제에 어떤 영향을 미칠지 주목할 필요가 있다.

3부

미국 제조업의 귀환,
글로벌 경제에 미칠 파급은?

8장

미국의 리쇼어링과
제조업 재건

미국이 제조업을 다시 불러들이는 이유

미국의 아웃소싱은 1970년대의 하이퍼인플레이션 이후 본격적으로 시작되었다. 이 시기에 미국 제조업 임금은 10년 동안 연평균 9%의 빠른 성장률을 기록하며 기업들에게 심각한 비용 압박을 주었다.

그 당시의 기술 발전만으로는 이 압박을 완화할 수 없었기 때문에, 미국은 저비용 노동력을 찾아 아시아를 포함한 해외 시장으로 눈을 돌리게 되었다.

결국 기업들은 저비용 노동력을 찾아 아시아 등지로 제조업을 이전하게 된다. 이로 인해 제조업 기반은 해외로 빠르게 이동했다. 미국 경제는 생산 기반에서 서비스 기반으로 변화하기 시작했다.

미국 기업들은 인건비 절감을 위해 더 높은 운송비와 긴 공급망을 받아들였고, 이러한 결정은 단기적으로는 긍정적인 결과를 가져왔다. 그러나 장기적으로는 복잡한 문제를 야기했다. 아시아로 이전된 제조업은 높은 운송 비용과 긴 공급망을 필요로 했으며, 글로벌 경제가 불안정할 때는 공급망 충격을 감수해야 하는 위험에 노출되었다.

1990년대까지만 해도 미국은 전 세계 외국인직접투자[FDI]의 24% 이상을 차지했으나, 중국이 2000년대에 세계무역기구[WTO]에 가입하면서 미국의 비중은 약 15%로 감소하게 되었다. 결국 1980년대 이후 아웃소싱은 미국 경제의 구조적 변화를 촉발했고, 보호무역주의가 강화되는 계기가 되었다.

코로나 팬데믹은 글로벌 공급망의 취약성을 극명하게 드러냈다. 공급망 중단, 생산 차질, 운송 비용 급등 등으로 인해 미국 기업들은 해외에 의존한 제조업의 위험을 실감하게 되었고, 이를 계기로 리쇼어링의 필요성이 강조되었다. 팬데믹이 아웃소싱의 한계와 단점을 부각한 것이다. 미국 정부는 이러한 공급망 취약성을 보완하기 위해 리쇼어링[reshoring], 즉 제조업의 미국 회귀 정책을 강화하기 시작했다.

기술 발전과 생산성 혁명을 위한 리쇼어링 전략

생산성 혁명은 저비용의 자본과 노동력 투입이 증가하거나 기술 혁신이 이루어질 때 나타나며, 이는 경제 성장과 고용 창출을 동시에 이루는 원동력으로 작용한다. 역사적으로, 낮은 물가와 낮은 실업률을 달성했던 시기는 모두 중요한 기술적 변화와 맞물려 있었다.

예를 들어, 1920년대에는 자동차, 전기, 통신 등의 혁신이 물가 억제와 경제 성장에 기여했다. 1950년대 제2차 세계대전 이후에도 기술 발전과 산업 확장이 경제 활성화의 중심 역할을 했다. 1990년대 정보기술^{IT} 혁명은 생산성을 대폭 향상시키며 물가와 실업률을 낮추었고, 2010년대 4차 산업혁명(빅데이터, 자동화 등)은 새로운 기술적 변화를 이끌었다.

통화정책은 단기적으로 수요를 조정하는 데 유효하다. 그러나 장기적으로는 생산성 혁명과 같은 기술 혁신이 경제 안정에 더욱 중요한 역할을 한다. 단순히 통화 정책에 의존해 수요를 조정하는 방식은 지속 가능하지 않으며, 과도한 자신감은 경제에 부정적인 영향을 미칠 위험이 있다. 결국 연준의 통화 정책이 수요 측면을 조절할 수는 있어도 장기적인 물가와 실업률 안정을 위해서는 기술 혁신과 생산성 향상이 필수적이다.

이런 이유로 미국은 리쇼어링을 통해 공급망을 안정화하고, 기술 혁신과 고급 인력 양성에 주력하고 있다.

미국 내 제조업과 공급망을 강화하려는 리쇼어링 정책은 공화당과 민주당 모두가 초당적으로 지지하는 전략이다. 공화당은 '미국을 다시 위대하게 Make America Great Again'라는 슬로건 아래 리쇼어링을 중심으로 자국 중심의 생산 및 인프라 강화에 집중하고 있다. 특히 반도체법을 통해 미국 내 제조업을 적극적으로 지원하고, 해외 생산시설을 미국으로 재이전하기 위한 다양한 인센티브 정책을 펼쳤다.

민주당 역시 '기회의 경제 구축 Build an Opportunity Economy'이라는 비전을 통해 공급망을 안정화하고 제조업을 강화하기 위한 노력을 지속하고 있다. IRA의 생산 인센티브를 유지하면서 반도체법의 보조금 확대를 추진하는 등 트럼프 행정부의 정책을 일부 이어받아 발전시키며, 미국 경제와 안보 강화를 위해 초당적 협력을 보여주었다.

이처럼 리쇼어링은 특정 정당의 독자적인 전략이 아니라 미국의 경제 회복과 안보 강화를 위해 필수적이라는 공감대 속에서 추진되고 있다.

에너지 자립과 경제 안정성

제조업 르네상스를 이루기 위해 안정적인 전력망과 에너지 공급은 필수다. 전력망에 대한 대규모 투자는 제조업의 성장과 밀접하게 연계되어 있다. 이는 미국 경제의 회복과 지속 가능성에도 중요한 역할을 할 것이다. 이를 통해 미국은 전략적인 산업 육성과 함께 글로벌 경쟁력을 강화하는 길로 나아가고 있다.

미국은 60여 년 만에 처음으로 에너지 생산량이 소비량을 초과하며 에너지 자립을 이루었다. 셰일 혁명과 천연가스, 석유 생산의 급격한 증가 덕분에, 미국은 에너지를 자급자족할 수 있는 수준에 도달했으며, 이를 통해 에너지 순 수출국으로 전환되었다.

이러한 변화는 미국이 중동의 불안정한 상황이나 국제적 에너지 공급망의 교란에 덜 영향을 받게 하고, 에너지 가격 변동성 역시 줄어들 가능성을 열어준다.

에너지 자립은 무역적자 확대와 연료비 상승을 막아주는 경제적

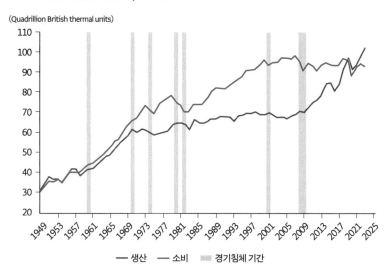

미국의 에너지 생산과 소비, BTUs Quadrillion British thermal units

(Quadrillion British thermal units)

— 생산 　— 소비 　▨ 경기침체 기간

* BTU British Thermal Unit는 열에너지의 단위로, 화석 연료, 전기, 원자력 등 다양한 에너지원의 양을 측
정할 때 사용된다. 미국 에너지 정보청EIA은 국가별 에너지 통계를 제공할 때 Quadrillion BTUs(1
Quadrillion BTUs=1,000조 BTUs) 단위를 사용한다. 예를 들어, 2023년 미국의 총 에너지 소비량은 약
100 Quadrillion BTUs, 이 중 석유 소비량은 약 35 Quadrillion BTUs로 보고되었다.

자료: 미국 에너지정보청US Energy Information Administration

안정 요소가 될 수 있다. 에너지 수입에 대한 의존도가 낮아지면서
수입 비용 절감 효과를 누릴 수 있고, 이를 통해 절감된 자원을 산업
및 기술 개발에 투자할 기회도 확보하게 된다.

안정적인 에너지 공급은 생산 활동의 효율성을 높여 기업의 비용
을 절감하고, 생산성을 증대시키는 데 기여한다. 에너지 수입을 줄임
으로써 비용을 절감할 뿐만 아니라, 경제 전반에 긍정적인 파급 효과
를 가져오는 것이다.

결론적으로, 미국의 에너지 자립은 국내외 에너지 시장에서의 가

격 안정성을 높여줄 것이다. 또한 중장기적으로 경제 안정성과 성장에 긍정적인 영향을 미칠 것이다. 안정된 에너지 공급과 자립은 향후 미국의 제조업 투자와 생산성 혁명을 뒷받침하는 중요한 축이 될 것이다.

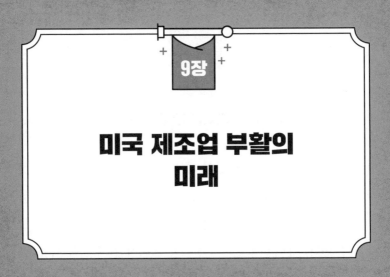

9장

미국 제조업 부활의
미래

미국 제조업 부활 전략

미국은 2035년까지 전 세계 산업 생산 점유율을 16%에서 20%로 확장하는 것을 목표로 하고 있다. 이를 달성하면 연간 생산량이 약 6% 증가하며, 미국 전체 전력 수요의 연평균 성장률은 2.3~3.0%까지 상승할 수 있다. 이 시나리오에서 산업용 전력이 전체 전력 사용에서 차지하는 비율은 36%까지 증가할 것이며, 이는 미국 제조업이 에너지 집약적인 부문으로 이동하고 있음을 시사한다.

지난 25년간 미국 제조업은 충분한 투자를 받지 못했다. 이를 해결하는 것이 리쇼어링 정책의 성패를 결정짓는 핵심 요소다. 자본지출의 증가와 기술 혁신은 미국 제조업 부활의 기초가 될 것이다. 이를 통해 미국 경제는 장기적으로 안정적인 성장을 이어갈 수 있을 것이다.

리쇼어링을 통해 제조업이 다시 활성화되면, 산업 메가 프로젝트들은 미국 경제의 부활을 이끄는 중요한 요소가 될 것이다. 이런 프로젝트들은 전력 인프라, AI, 재생에너지, 반도체 등 여러 분야에서 새로운 투자 기회를 창출하며, 장기적인 경제 성장을 뒷받침할 것이다.

생성형 AI 및 자동화 기술의 발전은 미국 제조업을 더욱 효율적으로 만들고, 글로벌 경쟁력을 높이는 데 중요한 역할을 할 것이다. 특히 AI를 활용한 제조 공정의 자동화는 인건비 절감을 넘어 생산성 향상, 품질 개선 그리고 신속한 시장 대응을 가능하게 한다. 이는 미국 제조업이 해외 경쟁자들과 차별화되는 핵심 요소로 작용할 것이다.

자동화 기술과 AI는 특히 첨단 제조 부문에서 중요한 역할을 할 것이다. 반도체, 전기차, 재생에너지 분야에서 AI를 활용한 공정 개선이 진행 중이다. 이는 미국의 전반적인 산업 구조를 강화하는 데 기여할 것이다. AI 기술의 발전은 단순한 생산성 증대뿐만 아니라, 새로운 비즈니스 모델을 창출하고, 시장에서 새로운 기회를 발견하는 데 중요한 동력이 될 것이다.

미국의 투자 전략 변화

코로나 팬데믹 이후, 미국은 세계에서 가장 많은 외국인직접투자를 유치하는 국가로 자리매김했다. 2022년 미국은 약 3,880억 달러의 외국인직접투자를 유치하여, 2위인 중국(약 1,800억 달러)보다 50% 가까이 많은 투자를 받았다. 또한 미국은 해외로의 직접 투자에서도 선두를 달리고 있다. 2021년 기준, 미국의 해외직접투자는 4,190억 달러로 세계에서 가장 높은 수준을 기록했다. 이러한 수치는 미국이 글로벌 투자 흐름에서 중요한 역할을 하고 있음을 나타낸다.

이처럼 미국은 안정적인 투자 환경과 강력한 경제 기반을 바탕으로 국내외에서 활발한 투자 활동을 이어가고 있다. 이는 미국이 국내외에서 안정적인 투자 능력을 유지하며, 자본 유치에 있어 강한 경쟁력을 가지고 있음을 보여준다. 놀랍지 않은가?

그러나 흥미롭게도 미국이 본격적으로 아웃소싱과 해외 투자를 확대해가던 2000년부터 2017년 사이, 통화 공급 증가에 비해 GDP 성장률은 상대적으로 낮은 수치를 보였다. 이는 자국 내 투자보다는 해외 투자를 우선시하면서 나타난 현상으로, 통화 공급이 늘어났음에도 불구하고 GDP 성장의 효과가 점차 감소하는 경향을 보였다.

미국은 부채 문제를 해결하기 위해 GDP 성장을 통해 부채 비율을 관리하고, 적정한 인플레이션을 활용해 부채를 줄이는 방식을 택할 가능성이 크다. 이는 미국이 추진 중인 공급망 재편 및 제조업 부흥 정책과도 연관이 깊다. 이러한 상황은 글로벌 공급망 재편을 가속화하고 있다.

최근 들어 제조업 투자와 공급망 재편을 통해 미국 내 제조 능력을 확대하려는 움직임이 강해지고 있다. 짧아진 공급망을 통해 글로벌 불안정성에 대비하고 운영의 탄력성을 강화하는 방향으로 전략을 전환하고 있는 것이다.

향후 미국이 해외 투자 대신 자국 내 투자에 집중할 가능성도 커지고 있다. 이를 통해 미국은 공급망 변동성에 대비하고 추가적인 생산 역량을 자국 내에 확보할 수 있는 유리한 위치를 점하고 있다.

또한 단순히 해외에 있던 공장이 미국으로 돌아오는 데 그치지 않고, 지난 40여 년간 축적된 기술력과 정책 인센티브를 바탕으로 더 강력한 제조 역량을 구축할 기회를 맞이하고 있다. 미국 내에서의 투자 증대는 아웃소싱 의존도를 줄이고, 자국 내 생산성 향상과 경제 활성화에 긍정적인 영향을 미칠 것이다.

리쇼어링이 가져올 산업 변화

미국의 리쇼어링과 제조업 투자 확대는 향후 전력 수요를 증가시킬 것으로 예상된다. 모건스탠리의 전망에 따르면, 미국의 전력 수요는 2025년부터 2035년까지 연평균 약 1.5%의 성장률을 기록할 것으로 보인다. 특히 산업 부문의 전력 수요는 연평균 1.1% 성장해 2035년에는 전체 전력 수요의 약 26%를 차지할 것으로 전망된다. 이는 산업 전반의 전력 소비 증가와 구조적 변화가 지속될 것을 시사한다.

만약 미국이 2035년까지 전 세계 산업 생산 점유율을 16%에서 20%로 확장한다면, 연간 생산량은 약 6% 증가할 것이다. 이에 따라 미국의 전체 전력 수요 성장률은 약 2.3~3.0%까지 상승할 가능성이 있다.

특히 AI와 전기차와 같은 신흥 기술의 발전이 전력망에 미치는 영향도 클 것이다. 리쇼어링이 진행되면서 산업용 전력이 전체 전력 사용의 약 36%를 차지하게 된다.

연평균 미국 제조업 투자 성장률: 코로나 이후, 중국의 WTO 가입 이전 성장률로 회귀 관측

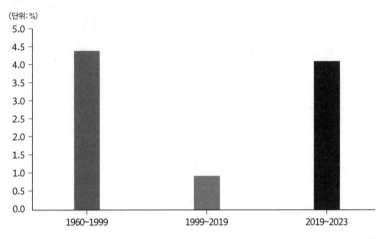

(단위: %)

미국 제조업이 더욱 에너지를 많이 필요로 하는 부문으로 이동하면서 전력 수요는 계속해서 증가할 것이다. 이는 전기 전송망, 기술 기업, 자본재 산업에도 긍정적인 기회를 제공할 것이다.

미국은 2050년까지 글로벌 제조업 점유율 20%를 회복하는 것을 목표로 하고 있다. 이는 연간 7,000억 달러의 생산 증가를 의미한다. 이러한 성장은 기술 발전과 공급망 복원력 강화를 통해 촉진될 것이며, 장기적인 제조업 투자가 필수적이다. 특히 산업 메가 프로젝트는 미국 제조업의 부흥에 중요한 역할을 할 것이다.

미국 리쇼어링의 성공은 자본 집약 산업에 대한 지속적인 투자를 필요로 한다. 이러한 투자는 향후 리쇼어링의 모멘텀을 유지하는 열쇠가 될 것이다. 리쇼어링은 미국 산업 주식에 긍정적인 영향을 미치며, 안정적인 수익과 현금 흐름을 창출하는 데 기여할 것이다.

더불어 미국 내 지적재산권^{IP}의 성장도 가속화되어 유기적 산업 성장의 기반이 마련될 것이다. 이는 부가가치 개선과 소프트웨어, 애프터마켓 서비스의 확대로 이어질 것으로 예상된다.

미국의 리쇼어링과 제조업 재건은 보호무역주의와 기술 혁신에 의해 뒷받침되고 있다. 이는 향후 글로벌 경제와 산업 구조에 큰 변화를 불러올 것이다. 리쇼어링과 자본지출 증가는 안정적인 산업 기반을 마련하는 동시에 미국 산업의 재도약을 가능하게 할 중요한 열쇠가 될 것이다.

보호무역주의의 확산이 초래할 경제적 긴장과 글로벌 경제 재편의 가능성에 주목하며, 리쇼어링과 재산업화가 장기적으로 미국과 세계 경제에 어떤 영향을 미칠지 신중히 분석할 필요가 있다.

한국을 비롯한 여러 국가는 이에 대비해 자국 내 제조업의 경쟁력을 강화할 필요성이 커지고 있다. 미국의 공급망 재편으로 인해 한국 기업들이 미국에 공장을 설립하는 경우, 한국 내 제조업의 비중이 줄어들면서 실제 수출이 감소할 가능성도 존재한다. 반면 미국은 자국 내 생산이 증가함에 따라 수출 경쟁력을 강화할 수 있다. 결국 제조업 수출에서 이익을 가져가는 주체는 공급망 재편의 중심에 있는 미국이 될 가능성이 크다.

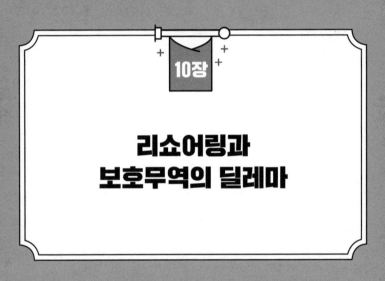

10장

리쇼어링과
보호무역의 딜레마

국가적 전략인 리쇼어링

미국의 리쇼어링은 단순히 경제적인 선택을 넘어 국가적 전략으로 자리 잡고 있다. 자유시장과 자율적인 경제 시스템이 이상적으로 보일지라도, 실제로는 시장의 자율성만으로는 해결되지 않는 문제가 존재한다. 시장의 자유와 자율성을 극대화하려는 시도는 종종 예상치 못한 사회적 부작용을 초래했고, 이러한 부작용을 막기 위해 사회는 자연스럽게 규제를 요구하게 되었다. 이를 '이중적 운동'이라고 할 수 있다.

예를 들어, 자유방임적 시장이 노동자들에게 과도한 압박을 가할 때 최저임금법이나 노동시간 제한과 같은 사회적 보호 조치가 등장하게 된다. 시장의 자율성과 사회적 보호가 상충하며 계속해서 균형을 찾으려는 움직임이 나타난다.

이와 같은 맥락에서 미국의 리쇼어링 정책은 경제적 안정성을 위해 자유시장에 대한 회의와 사회적 보호의 필요성을 반영한 것이다. 지나치게 시장에 모든 것을 맡기는 대신, 정부가 전략 산업과 경제 안보를 보장하기 위해 개입하는 방식이다.

이를 통해 미국은 자국 경제를 안정시키고, 첨단 기술 산업을 중심으로 글로벌 경제에서 주도적인 위치를 계속해서 유지하려 한다. 또한 기술 발전과 혁신을 통해 잠재 성장률을 높이려는 노력을 지속하면서, 자유시장 원리와 정부 개입을 적절히 조화시키는 정책적 방향을 모색하고 있다.

결국 자유시장의 원리에 모든 것을 맡기기보다는 정부의 전략적 개입과 산업 정책을 통해 자국의 경제적 자립성과 안보를 강화하는 것이 중요하다는 점이 미국의 보호무역 및 리쇼어링 정책을 통해 드러나고 있다. 이러한 정책적 움직임은 단순히 국내 일자리 창출과 경제 회복을 넘어, 미국의 장기적인 경제 패권을 유지하는 중요한 기초가 될 것으로 보인다.

세계 이념의 우향우 이동

미국 정치에서 민주당과 공화당 모두 정책의 핵심으로 미국 우선주의와 보호무역주의를 강조하고 있다. 특히 트럼프 행정부 시절 시작된 관세 인상, 무역 협상 재조정, 리쇼어링 정책들은 자국 산업을 보호하고 해외 의존도를 줄이기 위한 전략이었다. 트럼프 전 대통령의 관세 정책과 같은 보호무역 기조는 여전히 강하게 남아, 바이든 행정부 또한 자국 우선주의를 이어갔다.

2025년 다시 트럼프 2기 정부가 들어선다. 따라서 앞으로도 이러한 정책들이 글로벌 경제와 시장에 큰 영향을 미칠 가능성이 크다.

또한 유럽에서도 스페인, 스웨덴, 이탈리아, 프랑스 등에서 우파 및 극우 정당이 주요 정치 세력으로 자리 잡으면서, 자국 이익을 최우선으로 하는 보호주의 및 이민 반대 기조가 강해지고 있다. 상속세와 증여세를 없애는 감세 정책도 추진 중인데, 이는 기업 우대 정책과 맞물려 유럽 경제에 큰 변화를 불러올 수 있다.

이러한 보호무역주의의 강화는 글로벌 공급망에 혼란을 야기할 수 있다. 이에 따라 무역 관련 비용이 증가하고, 경제 성장에 대한 압박이 가중될 수 있다. 미국 우선주의는 특히 제조업과 에너지 분야에서 자국 내 투자를 촉진하는 한편, 다른 국가와의 무역 마찰을 심화시킬 가능성이 크다.

미국은 리쇼어링을 통해 AI, 반도체, 전기차 같은 첨단 산업을 자국으로 복귀시키며, 자국 내 일자리를 창출하고 경제적 주권을 강화하려 한다. 이는 팬데믹으로 인한 공급망 위기와 국가 안보 우려로 인해 정당화되고 있다.

이러한 정책은 단기적으로는 자국의 경제를 활성화하는 데 기여할 수 있다. 그러나 장기적으로는 경제적 고립과 국제적 긴장을 초래할 가능성이 크다. 다른 나라들과의 경제적 연대를 약화시키고 보호무역 장벽을 높이는 것은 결국 글로벌 경제의 불균형을 일으킬 수 있다.

지속 가능한 경제 질서가 필요하다

역사를 되돌아보면, 19세기 말과 20세기 초에도 주요 강대국들은 자국 경제를 지키기 위해 보호무역 정책을 도입했다. 당시 이들은 관세를 높이고 수입품을 제한하며, 자국 산업을 보호하려는 의도로 이러한 정책을 시행했다. 자국 산업을 보호하고 경제적 자립을 도모한 것이다.

그러나 그 결과는 결코 긍정적이지 않았다. 경제 불황이 심화되면서 각국은 서로 간의 무역 장벽을 높였다. 이는 자국 산업을 보호하려는 시도였지만, 경제적 고립을 초래하며 결국 국제 무역의 쇠퇴를 가져왔다. 또한 국가 간의 경제적 긴장과 경쟁을 심화시켰다. 보호무역의 결과로 형성된 경쟁은 궁극적으로 대규모 전쟁으로 이어졌다. 양차 세계대전은 그러한 국제적 긴장의 극단적 결과였다.

미국이 자국 내 제조업 부흥을 목표로 리쇼어링을 가속화하는 것 또한 단순히 경제적 차원에서만 끝나지 않을 가능성이 크다. 미국이 보호무역주의를 유지하고 글로벌 무역 질서를 재편하려 한다면, 이는 경제적 긴장을 더욱 심화시키고 다른 국가들과의 충돌을 촉발할 수 있다. 특히 중국과 같은 경쟁 국가들이 자국 경제를 보호하려고 비슷한 보호주의 정책을 시행하게 된다면, 전 세계적으로 무역 장벽이 높아지고 경제적 대립이 확산될 것이다.

미국과 중국은 이미 무역 전쟁과 기술 패권 경쟁을 벌이고 있으며, 이러한 경쟁이 경제적 충돌을 넘어 군사적 갈등으로 발전할 위험도 존재한다. 만약 보호무역이 전 세계적으로 확산되면, 각국은 자국의 경제적 이익을 보호하기 위해 더욱 강경한 정책을 펼치게 될 것이며, 이는 결국 국제사회의 불안정을 초래할 것이다.

따라서 미국과 다른 국가들은 보호무역 정책을 신중하게 사용해야 하며, 글로벌 경제 협력과 일정부분은 자유무역을 기반으로 하는 보다 균형 잡힌 접근법을 모색할 필요가 있다. 전 세계가 상호 의존하는 시대에 각국이 자국의 이익만을 보호하는 정책은 더 큰 국제적 갈등을 불러일으킬 위험이 있다.

궁극적으로, 경제적 번영과 국제 평화를 유지하기 위해서는 보호무역보다는 협력과 상생을 강조하는 정책이 필요하다. 리쇼어링과 보호무역이 자칫 과거의 패턴을 반복하지 않도록, 미국을 비롯한 주요 국가들은 글로벌 협력을 통해 지속 가능한 경제 질서를 구축해야 할 것이다.

4부

미국은 패권 경쟁의
승자가 될 수 있을까?

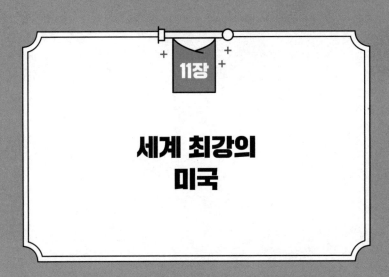

11장

세계 최강의
미국

전 세계 무역의 중심이 된 미국

과거 제국의 흥망성쇠와 보호무역의 역할을 살펴보자. 17세기 네덜란드는 세계 해상 무역을 장악하며 상업적 번영을 이끌었지만, 자유무역에 지나치게 의존한 결과 경제적 경쟁력을 잃고 쇠퇴했다. 네덜란드 동인도 회사^{VOC}는 전 세계 무역을 독점하며 막대한 부를 축적했지만, 경쟁국들이 무역에 참여하면서 네덜란드의 경제적 이점은 점차 사라졌다. 또한 해상 군사력 유지 비용과 늘어나는 부채는 네덜란드의 쇠락을 가속화했다.

18세기에서 19세기 중반까지 영국은 보호무역을 통해 자국의 산업을 보호하고 패권을 유지했다. 특히 곡물법$^{Corn Laws}$과 같은 정책은 국내 산업을 보호하며 영국이 산업혁명으로 세계 경제를 주도할 수 있는 기초를 마련했다. 그러나 19세기 후반, 자유무역으로 전환한 영국은 경쟁국들의 급성장에 직면하게 되었고, 미국과 독일 같은 신흥 국가들이 빠르게 성장하면서 영국의 패권은 점차 약화되었다.

영국이 쇠퇴하는 동안, 미국은 보호무역을 통해 자국의 산업을 강화하며 패권국으로 성장했다. 19세기 후반 미국은 관세를 통해 제조업을 보호하고, 2차 산업혁명을 통해 철강, 철도, 석유 산업을 발전시키며 경제적 기초를 다졌다. 양차 세계대전에서 미국은 대규모 군수품 공급과 대출로 막대한 부를 축적하고, 이를 통해 세계 경제의 중심에 서게 되었다.

20세기 후반부터 미국은 자유무역을 통해 전 세계 무역의 중심으로 자리 잡았다. 그러나 21세기 들어 중국이 급격히 성장하면서 미국은 새로운 도전에 직면하게 되었다.

중국은 경제 성장을 통해 세계 무역과 기술 분야에서 미국을 위협하는 주요 경쟁국으로 부상했다. 특히 첨단 기술 분야에서 중국의 부상은 미국에게 큰 위협으로 다가오고 있다. 21세기 들어 미국은 반도체, AI, 5G 등 첨단 기술 분야에서 중국의 도전에 직면하게 되었다.

이에 대응하기 위해 미국은 보호무역을 통해 자국의 핵심 산업을 보호하고 강화하고자 한다. 특히 미국은 혁신을 통해 경제 성장을 촉진하고, 산업 구조를 고도화해야 패권을 유지할 수 있다는 것을 알고 있다. 따라서 첨단 기술 분야에서 리더십을 유지하고, 이를 위해 교육과 R&D 투자, 인프라 확충에 집중하고 있다.

미국의 패권을 떠받치는 힘

역사적으로, 물질적 이익보다 중요한 것은 계급의 이익과 그것에 우선하는 패권 유지다. 이러한 현상은 경제적이라기보다는 사회적인 현상으로, 위기 상황에서는 기존의 타협적 해결책이 더 이상 작동하지 않으며 계급 간 혹은 국가 간 충돌이 발생하게 된다.

경제는 수학 이론처럼 기계적으로 움직이지 않는다. 미국이 달러를 찍어내느냐 마느냐는 단순히 통화 정책의 결과가 아니라, 미국이 어떻게 경제를 재편하고 설계하는지에 따라 결정될 가능성이 크다. 미국의 통화 발행은 단순히 경제적 지표에 대한 반응이 아니라, 정치적 전략과 경제적 목표가 결합된 복합적인 과정이다.

국력은 한 나라의 경제적, 정치적, 외교적, 군사적 힘을 종합적으로 나타내는 개념이다. 그리고 미국의 국력은 달러의 패권을 유지하는 가장 중요한 요소 중 하나다. 알다시피 미국은 세계 최강의 경제력을 가지고 있다. 그래서 미국이 전 세계 경제에서 핵심적인 역할을 수행할 수 있다.

그럼 미국은 어떻게 경제를 재편하고 설계할까? 미국은 IMF, 세계은행 등 다양한 국제기구를 통해 국제 경제 질서를 주도하고 있다. 이런 국제기구들에서 달러는 기본적인 거래 수단으로 사용된다.

달러는 국제 금융 시장의 기축통화Reserve Currency다. 시작은 1944년 체결된 브레턴우즈 협정이었다. 그 후 대부분의 국제 거래, 투자, 자본 이동에서 달러가 핵심 통화로 사용되어왔다. 이러한 금융적 영향력은 미국의 강력한 경제력과 정치적 안정성에 기반한다. 미국의 외교적 영향력은 달러화가 글로벌 거래에서 신뢰받도록 유지해주는 중요한 역할을 한다. 전 세계 중앙은행들이 외환보유고로 달러를 선호하는 이유도 바로 이러한 미국에 대한 신뢰 때문이다.

미국의 경제적 힘을 떠받치는 중요한 요소 중 하나는 바로 생산력이다. 경제의 근본적인 힘은 산업 생산력과 기술 혁신력에서 나오며, 이는 달러 패권을 유지하는 데에도 큰 역할을 한다. 미국은 여전히 세계에서 가장 혁신적인 기술과 산업을 보유하고 있다. 이러한 기술적 우위는 미국 경제의 기초를 매우 튼튼하게 만든다.

특히 미국은 첨단 기술, 제조업 그리고 서비스업에서 세계적인 리더로 자리 잡고 있다. 실리콘밸리와 같은 기술 혁신의 중심지는 미국의 기술력과 산업적 발전을 주도하고 있다. 이는 미국 경제의 생산성을 크게 강화한다. 전 세계에서 미국 제품과 기술에 대한 지속적인 수요가 발생하는 이유도 이러한 기술적 경쟁력 덕분이다.

그뿐 아니라 미국의 대규모 소비시장은 세계 각국의 수출업체들에게 중요한 시장으로 자리 잡고 있다. 미국은 다양한 국가와 자유무역협정을 체결하여 무역 관계를 유지하고 있다. 달러가 국제 무역에서 주요 결제 수단으로 사용되는 이유도 미국의 경제 규모와 생산력에 기반한다.

12장

미국은 어떻게
패권을 유지하는가?

재정 지출로 보는 미국 경제 재편

연방 예산 과정에는 재량 지출과 의무 지출의 두 가지 범주가 있다. 재량 지출은 세출 절차의 적용을 받는다. 의무 지출에는 사회 보장 및 메디케어와 같은 자격 프로그램이 포함된다. 재량 지출은 과거 70%에서 현재 30%로 감소했고, 의무 지출이 30%에서 60%로 증가했다. 1970년 이후 지속적으로, 미국의 연방 예산 과정에서 재량 지출의 비중이 감소하고 의무 지출이 증가하며 미국의 제조산업은 쇠퇴했다.

그러나 코로나 팬데믹 이후 재량 지출의 비율이 전체 미국 연방 지출에서 서서히 증가하고 있다. 팬데믹으로 인한 경기침체에 대응하기 위해 미국 정부는 상당한 재정 부양 조치를 시행했다. 보건, 긴급 구호 조치, 기업 및 개인에 대한 지원이 여기에 포함된다. 추가로,

연방정부 재정 지출 비중 추이

(단위: % 지출)

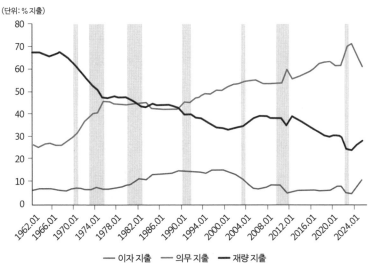

범례: ─ 이자 지출   ─ 의무 지출   ━ 재량 지출

자료: 미국 의회예산처Congressional Budget Office, CBO

인프라 및 미래 지향적 프로젝트에 대한 투자 증가가 재량 지출 증가에 기여했다.

과거 대비 재량적으로 지출할 수 있는 자본이 한정적이기 때문에 미국은 반도체, AI, 첨단 제조, 에너지 전환 같은 미래 지향적 산업에 중점을 두고 있다. 즉 고부가가치를 창출하고 미래 경제에 중요한 동력이 될 수 있는 산업에 선택과 집중을 하고 있다. 의무 지출의 증가는 재량 지출을 위한 재정 공간을 축소하기 때문에, 정부는 세제 혜택, 규제 완화 및 외국인 투자 유치를 통해 산업 재건을 촉진할 수 있는 정책을 마련하고 있다.

정부는 민간 부문과의 협력을 강화하여 필요한 자본과 기술을 모으는 데 초점을 맞추고 있다. 이는 재정적 한계를 극복하고, 민간 부문의 혁신을 통해 산업 재건을 가속화할 수 있다. 예를 들어, 미국 국방부는 2022년 12월, 아마존, 구글, 마이크로소프트, 오라클 등 4개 기업과 '합동 전투 클라우드 역량JWCC' 프로젝트 계약을 체결했다.

이 프로젝트는 2028년까지 총 90억 달러(약 11조 9천억 원) 규모로 진행되며, 국방부가 상업 클라우드 서비스 제공업체로부터 직접 상용 클라우드 서비스를 획득할 수 있도록 하는 다중 공급자 계약이다.

미국 정부도 AI 산업의 확장을 위해 적극적인 투자를 진행하고 있다. 2024년 9월, 마이크로소프트와 블랙록은 미국의 AI 경쟁력을 강화하기 위해 데이터센터, 칩 생산, 관련 에너지 인프라에 대한 국내 투자를 지원하는 300억 달러 규모의 메가펀드를 출범했다. 이 펀드는 부채 금융을 통해 최대 1,000억 달러까지 확대될 수 있다. 이처럼 미국은 AI 인프라를 강화하여 지리적 긴장이 있는 국가들에 대한 의존도를 줄이고자 한다.

이러한 노력은 미국이 AI 기술 분야에서의 경쟁력을 유지하고, 국가 안보와 경제 성장을 동시에 도모하기 위한 전략의 일환으로 볼 수 있다.

경제 패권을 위한 군사력 유지

군사력도 달러의 패권을 유지하는 데 간과할 수 없는 요소다. 미국은 세계에서 가장 강력한 군사력을 보유하고 있다. 이는 글로벌 질서 유지와 경제적 안정성에 중요한 역할을 한다. 군사적 힘은 경제적 영향력과 밀접하게 연결되어 있으며, 군사력은 미국이 달러 패권을 유지할 수 있는 물리적 기반을 제공한다.

미국은 세계 최대의 국방 예산을 가지고 있으며, 전 세계에 걸친 군사 기지를 통해 글로벌 군사 개입이 가능하다. 이를 통해 미국은 전 세계의 안정성을 유지하고, 달러화가 안전한 가치 저장 수단으로서 신뢰받도록 기여하고 있다. 이는 국제 경제 시스템에서 달러의 지위를 유지하는 데 큰 힘이 된다.

또한 미국은 NATO와 같은 군사 동맹을 통해 유럽, 아시아, 중동 등에서 강력한 군사적 영향력을 행사하고 있다. 이를 통해 경제적 안정성에도 기여하고 있다. 이러한 군사적 역량은 미국이 전 세계적 경제 질서를 유지하고, 달러가 국제 금융 시스템에서 우위를 차지하는 데 중요한 요소로 작용한다.

이처럼 미국 달러의 패권은 단순히 경제적 요인뿐만 아니라, 군사적, 정치적, 외교적 요인들이 복합적으로 작용하여 유지되고 있다. 미국이 글로벌 군사적 안정을 제공하고, 강력한 외교적 영향력을 행사함으로써 달러는 위기 상황에서도 안정적인 가치를 유지하는 통화로 자리 잡을 수 있다.

미국은 글로벌 금융 시스템에서 안정적인 기준으로 자리 잡고 있다. 월스트리트와 같은 미국의 금융 시스템은 전 세계 투자자와 기업들에게 안전하고 신뢰할 수 있는 투자 환경을 제공한다. 그래서 경제 불황이나 금융 위기가 발생할 때, 전 세계 투자자들은 안전한 자산으로 달러를 선호한다.

최근에 들어서는 중국 위안화와 같은 다른 통화들이 점차 국제 무역과 금융에서 역할을 하기 시작했다. 미국의 달러 패권에 대한 도전이 나타난 것이다. 그러나 여전히 국력, 생산력, 군사력에서 미국이 지닌 압도적인 우위는 넘보기 힘들다.

미중 패권 경쟁: 해양에서 우주까지

미국은 보호무역을 통해 자국 산업을 보호하는 동시에 동맹국들과의 협력을 강화하여 글로벌 영향력을 유지하고 있다. NATO를 통한 안보 협력뿐만 아니라, 일본과 같은 아시아 동맹국들과의 경제 협력도 중국의 확장을 견제하는 중요한 요소다.

국제정세 분석가인 조지 프리드먼은 군사력이 패권 유지의 핵심 요소임을 강조한다. 미국은 제2차 세계대전 이후 영국의 해상 군사력을 인수하며 세계 최강의 군사력을 구축했다. 특히 해군력은 미국이 글로벌 패권을 유지하는 중요한 수단이었고, 이를 통해 미국은 경제적, 정치적 영향력을 확장해왔다.

그는 군사력이 지상과 해상뿐만 아니라 우주와 사이버 공간으로 확장되었다고 말한다. 미국은 우주 분야에서도 선제적으로 나서면서 군사력을 우주까지 확대하고 있다. 이는 중국과의 패권 경쟁에서 중요한 요소로 작용할 것이다. 미국 우주군 창설은 미래 전쟁에서 우주가 중요한 전장이 될 것이라는 점을 시사한다. 중국 역시 자국의 우주 군사력을 확대하고 있어, 양국 간의 패권 경쟁은 지구의 경계를 넘어 우주까지 이어지고 있다.

미국과 중국 간의 군사적 긴장은 특히 남중국해에서 표출되고 있다. 중국은 자국의 해양 영유권을 확장하려 하고 있으며, 이는 미국의 해양 패권적 이해와 충돌하고 있다. 만약 남중국해에서 군사적 충돌이 발생한다면, 이는 단순한 지역적 분쟁에 그치지 않을 것이다. 글로벌 에너지 공급망과 해상 무역로를 둘러싼 갈등으로 확대될 가능성이 매우 높은 상황이다.

또한 역사적으로 석유는 양차 세계대전에서 중요한 자원이었지만, 미래 전쟁에서는 전력 공급이 더 중요한 자원이 될 것이다. 전력망을 장악하려는 군사적 패권 싸움은 사이버전, 인공지능 그리고 우주 공간에서의 기술 경쟁으로 확대될 것이다. 이러한 환경에서, 미국과 중국의 군사 경쟁은 전통적인 무기 경쟁뿐만 아니라 기술적 패권을 확보하려는 싸움으로 변모하고 있다.

사회적 안정과 경제적 균형을 향한 도전

패권을 유지하기 위해서는 사회적 안정도 필수적이다. 미국은 심화되는 빈부격차와 경제적 불균형을 해소해야 하는 과제를 안고 있다. 이를 위해 세제 개편과 재분배 정책을 통해 중산층과 저소득층의 경제적 지위를 향상시켜야 한다. 이는 사회적 불만을 완화하고, 정치적 극단주의를 억제하는 데 중요한 역할을 할 것이다.

조지 프리드먼은 7% 이상의 경제 성장이 빈부격차로 인한 불만을 줄일 수 있다고 주장한다. 나도 이 주장에 동감한다. 7% 이상의 명목 성장은 경제적 파이를 빠르게 키워, 중산층과 저소득층이 성장의 혜택을 실질적으로 체감할 수 있는 속도라고 볼 수 있다. 특히 이러한 고속 성장 상황에서는 임금 인상, 실업률 감소, 교육과 직업 훈련 기회의 증가가 가속화되어 경제적 불만을 어느 정도 해소할 수 있다.

이처럼 경제적 안정은 패권을 유지하는 중요한 요소다. 경제 성장은 사회적 불안을 완화시키고, 정치적 극단주의를 억제하는 역할을 한다.

조지 프리드만의 주장과 달리, 레이 달리오는 모든 제국은 결국 빈부격차와 경제적 불균형에서 비롯된 내부적 문제로 쇠퇴하게 된다고 주장한다. 달리오는 높은 임금, 과도한 부채, 무역적자 등의 요인이 기축통화 국가의 쇠퇴를 가속화한다고 말한다. 미국 역시 이러한 문제에 직면해 있으며, 특히 최근 들어 빈부격차가 심화되면서 사회적 불안이 커지고 있다.

이러한 문제는 장기적으로 중국의 패권 도전에 걸림돌이 될 수 있으며, 미국 역시 내부의 경제적 문제를 해결하지 못할 경우 패권을 상실할 위험이 있다는 것이다.

이런 맥락에서 볼 때, 미국의 보호무역 기조는 국내 노동자와 중산층을 보호하려는 경제적 내셔널리즘의 일환으로도 이해할 수 있다. 글로벌화와 자유무역의 확산으로 인해 미국 내 제조업 일자리 감소와 소득 불균형이 심화하면서, 보호무역적 조치들이 이를 해결하기 위한 대책으로 떠오르고 있다. 미국 정부는 '미국 우선주의America First' 정책을 통해, 국내 일자리 창출과 중산층 회복을 목표로 하고 있다. 이러한 보호무역 정책은 국민경제의 안정과 소득 균형을 회복하려는 장기적 노력으로 평가된다.

앞으로 미국은 기술 리더십, 동맹 강화 그리고 사회적 안정을 통해 글로벌 패권을 유지할 가능성이 크다. 이는 과거 제국들이 경험한 흥망성쇠의 교훈을 반영한 전략적 선택으로 볼 수 있다.

13장

AI 시대의
패권 전쟁

미국이 주도하는 AI 및 반도체, 어디까지 왔을까?

현재 미국 시장은 실적 중심의 장세로, 특히 AI와 반도체 같은 주도
주들이 전체 시장 이익의 대부분을 차지하고 있다. S&P500 지수 내
에서도 시가총액 상위 10개 기업이 지난 1년간 전체 이익 증가의
63%를 차지하며, 이들 기업이 시장을 이끌고 있다.

 AI에 집중 투자하는 빅테크 기업들은 구산업이나 경쟁자들을 대
체하면서 꾸준히 성장을 이어가고 있다. 예를 들어, 아마존은 유통
산업에서의 입지를 더욱 공고히 하고 있으며, 구글과 메타는 미디어
및 광고 시장에서 점유율을 확장하고 있다.

 현재의 AI 사이클은 인프라 구축 단계에 있으며, 이를 위해서는
막대한 컴퓨팅 파워와 고급 AI 엔지니어가 필요하다. AI 서버와 엔
지니어링 비용이 매우 높지만, 이러한 부담을 감당할 수 있는 기업은

주로 미국의 대형 기술 기업들이다. 보통 특정 기술이나 제품에 대한 수요가 강할 때 여러 기업들이 그 수혜를 입는다. 하지만 AI 분야에서는 엔비디아와 같은 기업이 기술적 우위를 통해 시장을 독점하는 경향을 보이고 있다.

이러한 상황을 종합해볼 때, 현재 AI 사이클은 인프라 구축에 집중된 초반부에 속해 있다고 판단된다. 그러나 이 사이클은 중반기로 접어들면서 인프라가 완성되고 B2C 단계로 이행될 가능성이 크다. 이는 다양한 서비스 개발로 이어져, 중소형 기업들에게도 시장 진입 기회를 제공하며, B2B에서 B2C로 AI 내러티브가 확장될 것으로 예상된다.

사이클의 후반기에는 미국을 필두로 글로벌 경제가 큰 호황을 맞이할 가능성이 있다. 지금까지는 빅테크 기업들이 독점하던 시장에서 나머지 기업들도 성장 기회를 얻게 될 것이다.

현재 AI와 반도체 시장의 주요 구매자들은 지속해서 성장하고 있으며, 비금융 기업들의 순이익률도 개선세를 보이고 있다. 미국 경기 역시 탄탄한 기조를 이어가고 있지만, 잠재성장률은 여전히 과거 수준에 머물러 있어 대호황 국면까지는 도달하지 않은 상태다. ISM 제조업 지수 등 주요 지표를 보면, AI 모멘텀이 본격적으로 시작되지 않았다는 점도 이러한 판단을 뒷받침한다.

따라서 현재로서는 AI 및 반도체에 집중된 이익 구조가 갑자기 바뀔 이유는 크지 않다고 생각한다. 다만 이러한 변화의 신호를 주의 깊게 모니터링하고, 빠르게 성공할 수 있는 AI 산업 및 제품이 시장에 어떻게 등장할지 관찰하는 것이 중요할 것이다.

AI 산업의 성장을 통한 미국의 전략

AI 기술은 안보, 정보, 통제력을 포함한 다양한 분야에서 국가의 힘을 좌우할 수 있다. AI 산업은 앞으로의 경제 성장을 이끌어갈 주요 동력으로 자리 잡을 것이다.

그래서 미국은 혁신과 성장이 활발히 이루어질 수 있도록 유연한 규제 정책을 채택함으로써 이러한 산업의 발전을 지원하려 하고 있다. 이는 글로벌 경제 질서에서 미국의 위치를 강화하고, 향후 국제 사회에서의 영향력을 유지하기 위한 필수적인 전략으로 평가된다.

미국 정부는 AI 산업이 글로벌 패권을 유지하는 데 중요한 역할을 할 것으로 예상하고 있다. 그렇기 때문에 초기 단계에서 법적 관용을 통해 기업들이 일정한 리스크를 감수하면서도 자유롭게 연구와 실험을 할 수 있도록 지원하는 것이 필수적이라는 판단을 내렸다. 기존의 산업과 달리, 빠르게 변화하고 성장하는 첨단 기술 산업이 계속해서 혁신을 이끌어갈 수 있도록 돕는 유연한 규제 정책을 마련하려는 의도다.

미국 정부가 AI 산업에 대한 법적·제도적 관용을 부여하는 이유는 단순한 경제 성장 이상의 전략적 목표를 반영한다. AI는 미래의 국방, 경제, 사회 전반에 걸쳐 필수적인 기술로 자리 잡을 것이다. 이 과정에서 선도적 위치를 차지하는 것은 미국의 글로벌 주도권을 유지하는 데 중요한 요소로 작용할 것이다.

또한 첨단 기술은 발전의 속도가 빠르고 적용 범위가 넓기 때문에 법적 규제가 지나치게 엄격할 경우 혁신이 저해될 수 있다. AI 기술은 특히 기술 발전에 따른 사회적, 윤리적, 법적 이슈들이 계속해서 새롭게 대두된다. 정부가 이 산업을 초기 단계에서부터 과도하게 규제한다면, 기업들은 혁신적인 연구와 실험을 지속할 동력을 상실할 위험이 크다.

AI 산업의 혁신은 대항해 시대의 신대륙 탐험과 같은 선구적인 정신과 유사한 측면이 있다. 콜럼버스와 같은 탐험가들이 전혀 알려지지 않은 곳으로 항해를 떠났던 것처럼, AI는 인류가 이전에 경험하지 못한 새로운 영역을 탐구하고 있다. 따라서 미국 정부는 AI 산업이 탐험과 혁신의 정신을 유지하며 발전할 수 있도록 지원하고 있다.

앞으로 미국은 AI 산업의 발전을 주도하고 있는 초기 단계의 스타트업이나 벤처기업들 중심으로 지원해줄 가능성이 크다. 초기 단계의 벤처기업들은 큰 리스크를 감수하면서도 혁신과 실험을 통해 기술을 발전시키고 있다. 이들이 성공 가능성이 높은 기술을 상업화하는 과정에는 법적 보호가 상대적으로 적다. 미국 정부가 AI와 같은 첨단 기술 분야에 법적 유연성을 제공한다면, 혁신적인 스타트업들이 상대적으로 적은 법적 부담 아래서 기술 개발에 집중할 수 있는 환경이 조성된다.

요컨대 AI와 같은 첨단 기술 산업은 미래의 경제와 안보에 핵심적인 역할을 담당할 것이며, 이를 위해 빠른 기술 혁신과 발전이 요구된다. AI 기술의 특수성을 반영하여, 기업들이 자유롭게 실험하고 기술을 발전시킬 수 있는 환경을 조성하는 것이 필요하다. 이를 통해 미국이 AI를 포함한 첨단 기술 분야에서 글로벌 주도권을 확보하고,

선도적 위치를 강화할 수 있다.

AI와 같은 첨단 기술의 발전 과정에서는 불가피하게 리스크가 수반되며, 미국 정부는 이를 감수하면서도 빠른 기술 성장을 이루어내고자 한다. 미국 정부는 이러한 정책적 결정을 통해 AI 산업이 글로벌 시장에서 경쟁력을 갖추고 선도적인 역할을 할 수 있는 기반을 마련하고자 한다.

AI 산업이 고용시장과 생산성 향상에 미치는 영향

언뜻 생각하면 AI 산업의 확장은 고용시장에 부정적인 영향을 미칠 것처럼 보인다. 특히 AI가 콜센터, 텔레마케팅 그리고 기타 비즈니스 프로세스 아웃소싱BPO 작업에 큰 영향을 줄 것으로 예상되기 때문이다. 따라서 최근 빅테크 기업들이 AI 산업 확장에 본격적으로 나선 지금, 필리핀과 인도의 실업률이 높아질 것이라고 생각할 수 있다.

그런데 흥미롭게도, 두 나라에서는 AI 확산에도 불구하고 다른 부문에서 새로운 일자리가 창출되면서 실업률이 급격히 오르지 않고 있다. 과연 그 이유는 무엇일까?

이는 필리핀과 인도가 IT 서비스, 소프트웨어 개발, 창의적 역할 등의 새로운 직업을 통해 노동 시장의 변화에 적응하고 있기 때문이다. 특히 AI는 반복적이고 단순한 작업을 대체하는 동시에, 더 복잡하고 창의적인 역할이 요구되는 일자리를 창출하면서 경제 성장에도 긍정적인 영향을 미치고 있다.

BPO 산업의 자동화 덕분에 기업들은 더 많은 작업을 더 효율적으로 처리할 수 있게 되었다. 이는 생산성 향상과 경제 성장으로 이어지고 있다. 또한 생산성 향상은 더 높은 임금과 나은 근로 조건으로 연결될 수 있다. 노동자들은 단순히 일자리를 잃는 것이 아니라, 더 나은 경제 환경에서 새로운 기회를 얻을 수 있게 된다.

미국에서도 AI와 자동화가 경제 성장에 미치는 긍정적인 영향이 주목받고 있다. 2024년 9월 FOMC의 금리 인하 후, AI의 확산이 미국의 생산성을 0.2~0.7%p 향상시킬 수 있다는 내용의 세인트루이스 연방준비은행의 논문이 발표되었다. 이 논문은 AI 기술의 발전이 미국 경제의 생산성 향상에 중요한 역할을 할 수 있음을 시사한다.

이는 미국의 잠재성장률에 대한 기존의 추정치에도 중요한 변화를 초래할 가능성이 크다. 미국 의회예산국CBO 등의 기관이 제시한 잠재성장률 전망이 AI의 도입과 확산을 고려하지 않았다면, 이러한 생산성 증가는 잠재성장률을 상향 조정할 수 있다.

따라서 AI는 노동시장의 변화를 촉진할 뿐만 아니라, 생산성을 높이고 경제 전반에 걸쳐 긍정적인 영향을 미치는 기술 혁신으로, 미래 경제의 중요한 축으로 자리 잡을 가능성이 크다. 금리 인하가 단기적 성장 자극을 일으킬 수 있지만, 장기적으로는 잠재성장률 증가를 통해 인플레이션 우려를 완화하고, 지속 가능한 성장을 이루는 데 중요한 역할을 할 수 있다.

대형 기술 기업의 자본지출^{CAPEX}과
AI 투자 동향

'매그니피센트 세븐^{Magnificent 7}'이라 불리는 7개의 대형 기술 기업(아마존, 엔비디아, 구글, 메타, 마이크로소프트, 애플, 테슬라)은 2020년 3월부터 2024년 6월까지 지속적으로 자본지출을 확대해왔다. 특히 2022년 이후부터는 이들 기업의 자본지출이 눈에 띄게 증가하고 있다.

　이러한 자본지출 증가는 주로 AI와 같은 첨단 기술을 중심으로 이루어지고 있으며, 이는 전통적인 경제학 이론에서 설명하는 것과는 다른 현상이다. 현재 연방기금 금리가 수십 년 만에 최고 수준임에도, 금리 상승이 이들 기술 기업들의 자본지출 결정에 큰 영향을 미치지 않고 있다. 이들이 금리보다는 기술 혁신과 시장 확대에 더 많은 우선순위를 두고 있기 때문이다.

　기업별로 자본지출에 차이가 있다는 점도 주목할 만하다. 예를 들어, 아마존과 마이크로소프트는 상대적으로 높은 비율의 자본지출을 기록하고 있는 반면, 다른 기업들은 상대적으로 낮은 수준을 유지하고 있다. 이는 각 기업의 사업 모델과 투자 전략이 상이함을 반영하는 것이다. AI와 클라우드 컴퓨팅에 대한 아마존과 마이크로소프트의 강한 집중도가 자본지출의 규모에도 영향을 미친 것으로 볼 수 있다.

　높은 금리 환경에서도 AI와 같은 첨단 기술에 대한 투자가 계속되고 있다는 사실은, 기술 혁신이 경제 성장의 주요 동력으로 자리 잡고 있음을 시사한다. 금리가 기업의 투자 결정에 미치는 전통적인 영

M7의 설비 투자에 대한 자본지출

(단위: 10억 달러)

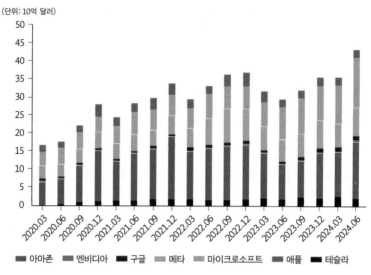

자료: 블룸버그

향력은 약화된 반면, AI와 같은 신기술에 대한 투자는 기업 전략의
핵심 요소로 자리 잡고 있다. 이는 AI를 중심으로 한 기술 혁신이 현
재와 미래의 시장 경쟁에서 결정적 역할을 하고 있음을 보여준다.

결론적으로, 연준의 금리 인상이 대형 기술 기업들의 투자 결정에
예전보다 훨씬 적은 부정적 영향을 미치고 있다는 점은 AI에 대한 투
자 의지가 그만큼 강하다는 것을 의미한다. AI와 같은 신기술에 대한
지속적인 투자는 앞으로도 이들 기업의 성장 전략에서 중요한 축을
이룰 것이다. 이러한 동향은 전체 기술 산업에 강한 긍정적 신호를
보내고 있다.

새로운 패권 무기가 될 AI

AI 기술이 가져올 지능적·디지털적 파괴력은 기존의 물리적 무기와는 다른 성격을 띤다. 핵무기는 물리적 파괴력과 인명 피해를 초래하며, 그 위협으로 인해 군사적 억제력과 국제 협약을 필요로 했다. 반면 AI는 물리적 파괴보다는 디지털 경제와 정보 시스템을 마비하는 능력을 지니고 있다.

이러한 디지털 파괴력은 정보 왜곡, 경제적 교란, 사이버 공격 등의 형태로 나타난다. 물리적 무기에 비해 훨씬 넓은 범위에서 국가 경제와 사회 시스템을 위협할 수 있는 것이다.

그런데 정보와 경제를 통한 디지털 패권은 단순한 군사력 이상의 영향력을 행사할 수 있다. 그래서 AI 패권은 단순히 기술의 경쟁력을 나타내는 것이 아니라, 글로벌 질서를 재편하는 강력한 힘으로 작용할 가능성이 크다.

핵무기의 보유 여부가 강대국과 비강대국 간의 권력 차이를 결정 짓듯이, AI 기술을 선점한 국가들은 글로벌 경제와 안보에 강력한 영향력을 행사할 수 있다. AI 기술은 경제적 불균형을 심화시킨다. 이를 확보하지 못한 국가는 디지털 시대의 비보유국으로 남게 되어 정치적, 경제적 종속관계가 형성될 수 있다.

예를 들어, AI 선도국이 자국의 기술을 무기 삼아 제재를 가하거나 정치적 압박을 가할 경우, 비보유국은 불균형을 해소하기 어려울 수 있다. 이는 국가 간의 경제력 차이를 넘어 AI 선도국이 경제적·정치적 헤게모니를 강화할 수 있는 수단이 된다.

이처럼 AI는 디지털 환경을 통해 초국가적으로 확산되기 쉽다. 게다가 핵무기의 경우 물리적 통제가 가능한 국가 간의 협약과 제한이 가능했지만, AI는 민간과 군사적 응용이 복합적으로 이루어지고 있어 실질적인 통제가 어렵다. 예를 들어, AI가 포함된 사이버 공격이나 정보 왜곡, 경제 시스템의 교란은 물리적 무기와 달리 보이지 않는 파괴력을 행사할 수 있다. 이는 국가 간 신뢰를 무너뜨리고 불안정을 초래할 수 있다.

따라서 AI가 디지털 시대의 새로운 패권 무기로 자리 잡는다면, 글로벌 거버넌스는 필수적이다. AI 기술의 비대칭적 사용을 방지하고, 국제사회의 안정성을 유지하기 위한 신속하고 포괄적인 규제와 윤리적 기준이 요구된다.

핵무기도 개발 초기에는 윤리적·국제적 논의가 부족했다. 기술이 현실화된 후에야 비로소 제한적인 국제적 규제가 마련되었다. AI도 이와 유사하게, 급속히 발전하는 기술에 비해 윤리적, 사회적 책임에 대한 논의는 아직 충분하지 않다.

특히 AI가 군사적, 경제적 사용에서 강력한 수단이 될 수 있기 때문에, 이에 대한 규제가 필요하다. AI가 국가 간 불균형을 심화시키고, 디지털 격차를 더욱 고착화할 가능성에 대비해 국제사회는 이 기술이 야기할 수 있는 잠재적 문제를 인식하고 규제할 필요가 있다.

AI 기술을 보유한 강대국이 그 기술을 통해 정치적·경제적 영향을 행사하려 할 때 AI가 초래할 수 있는 글로벌 리스크를 관리하기 위한 국제적 협약 및 규제 프레임워크가 형성될 가능성이 높다. 이러한 협약은 AI 윤리, 공정성, 안전성을 중심으로 해야 하며, AI 개발 및 사용에서 발생할 수 있는 사회적, 경제적 문제를 해결하는 데 중점을 두어야 한다.

요컨대, AI 패권 전쟁은 기술 격차로 인한 국가 간 불균형과 이를 통한 정치적 종속관계 형성, AI를 이용한 정보 전쟁 등 다양한 갈등 요소를 포함하고 있다. 특히 AI가 핵무기 수준의 영향력을 지닌다고 가정할 때, 글로벌 거버넌스는 필수적이다. AI 기술의 확산이 불가피한 상황에서, 국제사회는 AI의 책임 있는 개발과 사용을 위해 신속하고 포괄적인 협력 체계를 구축해야 한다.

글로벌 거버넌스를 통해 AI 윤리, 공정성, 안전성을 확보하고, AI 개발 및 사용에서 발생할 수 있는 문제를 해결함으로써 AI가 국가 간 갈등을 완화하는 요소로 작용할 수 있도록 해야 한다. 이를 통해 AI는 새로운 형태의 권력 도구로 사용되는 것이 아니라, 지속 가능한 인류의 발전에 기여할 수 있는 기술로 발전해 나가야 할 것이다.

우리나라도 이에 대한 깊은 성찰과 적극적인 대비가 절실히 필요하다. AI가 가져올 경제적·사회적 파급력을 고려할 때, 우리는 기술 개발뿐 아니라 국제적 협력과 윤리적 책임까지 포함한 포괄적인 전략을 마련해야 할 것이다.

14장

트럼프 2기 시대, 계속되는 미국 우선주의

대중의 분노를 이용한 트럼프의 전략

현대 자본주의 사회에서 자본과 노동의 자유로운 이동은 경제적 이익을 극대화하려는 신자유주의적 흐름의 핵심이다. 그러나 이 과정에서 부유층은 큰 이득을 누린 반면, 일반 노동자는 점점 더 많은 경제적 부담을 안게 되었고, 이로 인해 사회적 불평등이 심화되었다. 이러한 구조적 불균형이 대중의 분노로 이어졌다.

트럼프는 대중의 불만과 좌절감을 교묘히 이용하여 정치적 기반을 강화했다. 다국적 기업과 해외 자산을 보유한 엘리트들이 일반 국민의 이익을 해치고 있다는 주장을 펼쳤다. 또 주류 정치권에 대한 불신을 부추겼다.

자신을 '외부자'로 포지셔닝한 트럼프는 기존 정치 체제가 해결하지 못한 문제를 자신이 해결할 수 있다는 메시지를 통해 강한 지지층을 끌어모았다. 그는 특정 집단을 희생양으로 삼아 대중의 불안을 해소하려 했다. 또 강한 민족주의적 요소를 부각하며 정치적 지지를 구축했다. '미국 우선주의'와 같은 구호로 지지층을 결집한 것이다.

노동자들의 일자리 보호와 임금 상승을 강조하며, 무역협정 재협상과 이민 정책 강화를 통해 대중이 느끼는 경제적 불안감을 해소하려는 이미지를 부각했다. 미국 노동자들을 보호하기 위해 자유무역에 반대하며 관세를 인상하고 무역전쟁을 벌인 것은 그의 정책적 의도를 명확히 드러냈다.

이처럼 대중의 분노와 불만을 자극하고 이를 정치적 에너지로 전환하는 방식은 과거 파시즘과 국가사회주의의 전략과 유사한 면이 있다. 이러한 메시지는 대중의 분노를 자신에게 유리한 방향으로 돌리는 데 중요한 역할을 했다. 그러나 그는 동시에 자신의 정치적·경제적 이익을 보호하려는 모습도 보여, 그의 정책에 모순도 보였다.

트럼프 2기 시대에 미국 경제는?

트럼프 2기 시대에는 어떤 경제 정책을 펼치게 될까? 나는 트럼프 2기의 경제 정책이 '레이거노믹스'에 기초할 가능성이 크다고 본다. 레이거노믹스의 기본 원리는 자본 유입, 환율 상승, 금리 안정, 경제 성장의 선순환을 통해 지속적인 경제 성장을 이루는 이론적 기반을 제공한다.

레이건 시기의 강한 달러 정책은 수입 물가를 억제하고 높은 금리와 결합해 인플레이션을 안정화하는 데 성공했다. 이는 급진적 통화이론의 핵심 가설을 뒷받침하며, 대규모 해외 자본 유입을 통해 재정적자와 무역적자를 상쇄하면서 경제 성장을 이룬 대표적 사례로 평가받는다. 트럼프 2기의 정책 방향도 이와 유사하게 전개될 가능성이 높다.

차기 재무장관 스콧 베센트가 제안한 3-3-3 정책은 이러한 레이거노믹스의 현대적 버전으로 볼 수 있다. 이 정책은 세 가지 핵심 요소를 중심으로 구성되어 있다. 첫째, 재정적자 축소(GDP 대비 3%)를 통해 재정 건전성을 강화하고, 투자자 신뢰를 높여 미국 자산에 대한 수요와 자본 유입을 촉진한다. 둘째, 규제 완화(3% 성장 목표)를 통해 기업 활동과 생산성을 증진하며, 성장의 선순환을 유도한다. 셋째, 에너지 생산 확대(하루 300만 배럴)는 미국의 에너지 자급자족과 에너지 가격 안정화를 통해 소비자와 기업의 비용을 절감하고 경제 전반의 경쟁력을 높인다.

이 세 가지 요소는 강한 경제와 달러를 기반으로 한 자기 강화적 순환 구조를 형성하며, 레이건 시대와 마찬가지로 미국 경제의 성장을 뒷받침할 수 있다. 그러나 레이건 시대의 경험이 보여주듯, 무역적자와 재정적자 확대는 장기적인 리스크로 작용할 가능성도 크다. 레이건 행정부는 인플레이션 억제, 경제 성장 촉진, 냉전 종식이라는 주요 업적을 남겼지만, 그 과정에서 재정적자 확대와 소득 불평등 심화라는 장기적 과제를 안겨주었다.

베센트의 3-3-3 정책 역시 이러한 리스크를 안고 있다. 특히, 무역적자와 투기적 자본 유입에 대한 관리가 실패할 경우, 자본 시장의 급격한 변동성과 외환 시장의 불안정성이 경제 전반에 악영향을 미칠 가능성이 크다. 그러나 베센트는 이러한 리스크를 누구보다 잘 이해하고 있을 것으로 보인다. 과거 사례와 경제적 교훈을 바탕으로 무역적자와 자본 유입 간의 균형을 유지하며 경제 안정성을 확보하기 위한 전략적 접근 방식을 이미 준비하고 있을 가능성이 높다.

트럼프는 자신을 '제2의 레이건'으로 자리매김하고자 하는 의지를 여러 차례 드러냈다. 그러나 단순히 레이건을 따라잡는 것에 그치지 않고, 레이건 시대에도 이루지 못한 무역적자와 재정적자 축소를 달성하겠다는 포부를 내비쳤다. 이러한 의지는 트럼프 행정부가 추진했던 보호무역주의와 '미국 우선주의' 정책에서도 잘 드러난다.

흥미로운 점은 미국 대선과 관계없이 미국 사회의 이념적 경향이 점점 우파로 이동하고 있다는 사실이다. 이는 자국 우선주의와 미국 기업의 빠른 성장을 지원하는 대기업 중심의 정부 정책, 즉 레이거노믹스가 이미 시작되었으며 앞으로도 지속될 가능성을 시사한다. 트럼프 2기 시대의 경제 정책은 트럼프가 주장하는 약달러 정책이 집권 초기부터 바로 실행되기보다는, 레이건 시대의 통화 정책과 유사하게 초반에는 강달러 체제를 유지하며 물가 안정화를 도모한 후, 경제 재조정을 목표로 약달러 체제로 전환되는 양분화된 흐름을 보일 가능성 크다.

15장

미국 정부 부채:
패권 유지를 위한 전략적 도구?

미국은 왜 적자 재정을 지속할까?

코로나19 위기 동안 미국의 국내총생산^{GDP} 대비 국가 부채 비율은 사상 최대치를 기록했다. 많은 투자자가 미국의 GDP 대비 높은 국가 부채 비율에 우려를 표하고 있다.

그러나 이를 단순히 적자 상태라는 부정적인 관점에서만 볼 것이 아니라, 미국이 왜 이러한 적자 재정을 지속하고 있는지에 주목해야 한다. 이는 단순한 경기 부양책을 넘어, 미국이 자국 경제를 재편하고 미래 글로벌 경제 질서를 설계하려는 전략적 판단이 내재된 것으로 이해할 수 있다.

역사적으로도 적자 재정은 경제적 재구성을 위한 도구로 사용되었다. 예를 들어, 레이건 시대에는 재정적자가 축소되기는커녕 확대되었다. 당시 미국은 강력한 달러와 높은 금리를 통해 수입 물가를 억제하고 인플레이션을 안정화하며 경제를 성공적으로 부양했다. 이와 함께 대규모 해외 자본 유입을 통해 재정적자와 무역적자를 상쇄하며 경제 성장을 이뤘다. 이는 적자 재정이 단순한 부담이 아닌, 국가의 경제적 방향성을 결정짓는 중요한 수단임을 보여준다.

트럼프 2.0 시대 미국은 재정적자를 줄이겠다는 의지를 표명하고 있지만, 현실적으로 적자는 지속될 가능성이 높다. 이러한 국채 발행은 단순히 경제 지표 변화에 대응하는 차원을 넘어, 정치적 목표와 경제적 비전을 결합한 복합적인 과정으로 이해해야 한다. 이는 미국이 세계 경제에서 패권을 유지하고, 산업 구조를 변화시키며, 장기적 성장을 도모하는 데 핵심적인 역할을 하고 있다.

따라서 국가 부채와 적자 재정을 논할 때, 단순히 수치에 매몰되지 않고 그 이면에 담긴 전략적 의도를 이해하는 것이 중요하다. 이것이 미국 경제의 본질을 파악하고 글로벌 경제 질서 속에서 미국이 지향하는 미래를 읽는 데 필요한 관점이다.

미국의 부채 문제: 긴축과 개입의 딜레마

미국이 장기적으로 국가 부채 문제를 어떻게 해결할지에 대한 질문은 중요한 정치·경제적 논쟁을 불러일으킨다.

미국이 시장 자율성을 강조하며 긴축 정책을 채택할 경우, 금리 인상과 지출 삭감, 복지 축소 같은 방안이 우선시될 수 있다. 그러나 이러한 접근은 경제적 불평등을 악화시키고 중산층과 저소득층에 큰 타격을 주어 사회적 저항을 유발할 가능성이 크다. 이 경우 사회적 안정성이 위협받고, 더 큰 정치적 불안과 경제적 충격을 초래할 수도 있다.

반면 미국이 국가 부채 문제를 해결하고 경제를 안정시키기 위해 국가 개입을 강화한다면, 사회적 보호 장치를 확대하고 정부 주도의 경제 재편을 시도할 가능성도 있다. 이를 통해 중앙은행의 통화 정책을 활용해 명목 부채를 줄이고, 부채를 장기적으로 분산시키는 방안을 추진할 수 있다. 이러한 접근은 역사적으로도 효과를 발휘한 사례가 있다.

1930년대 뉴딜 정책은 대표적인 사회민주주의적 접근으로, 대공황 속에서 미국은 적극적인 재정 지출을 통해 경제를 재건하고 사회복지와 시장 경제의 균형을 맞추는 방식으로 위기를 극복했다. 제2차 세계대전 전후에도 미국은 유사한 방식으로 급격히 늘어난 국가 부채를 성공적으로 줄일 수 있었다. 전쟁 중 대규모 국채 발행으로 인해 GDP 대비 부채 비율이 약 120%에 달했지만, 전후 여러 요인이 맞물리며 부채 부담을 크게 완화할 수 있었다.

우선 강력한 경제 성장이 부채 문제 해결의 핵심 역할을 했다. 전쟁 이후 미국 경제는 인프라 확장, 소비 증가, 기술 발전 등으로 빠르게 성장했고, 명목 GDP의 꾸준한 상승이 부채 비율을 자연스럽게 낮췄다. 이처럼 경제 성장이 지속되면서 부채 관리가 더욱 용이해진 것이다.

또한 적정 수준의 인플레이션도 부채 부담을 완화하는 데 중요한 역할을 했다. 인플레이션은 채무의 실질 가치를 감소시켜 미국 정부가 부채를 상대적으로 적은 실질 비용으로 상환할 수 있게 했다. 인플레이션으로 인해 물가가 상승하면 재화와 서비스의 명목 가격이 오르며, 이에 따라 GDP와 정부 세수도 증가하게 된다.

이러한 과정은 정부가 과거에 고정금리로 발행한 국채를 상환할 때 실질 부담을 줄이는 효과를 가져왔다. 쉽게 말해, 시간이 지나면서 화폐 가치가 하락해 과거에 빌린 돈을 상대적으로 저렴한 실질 가치로 갚을 수 있게 된 것이다.

이러한 요인들이 상호 작용하며 미국은 1950년대 중반까지 GDP 대비 부채 비율을 크게 낮췄고, 1960년대에는 부채 비율이 약 30% 수준으로 감소했다. 이처럼 미국은 전쟁으로 인해 증가했던 부채 문제를 효과적으로 해결할 수 있었다.

미국이 강력한 보호주의적 경제 정책을 선택하거나 금융시장을 재편하는 등의 정책 변화를 모색할 경우, 이는 금융자본주의의 구조를 근본적으로 바꾸는 결과를 초래할 수도 있다. 세계 각국이 자국 경제를 보호하려는 움직임을 강화하며 자유무역 체제가 약화될 가능성도 있으며, 이는 1920~1930년대 금본위제와 같은 경제적 규제가 도입되었던 시기와 유사한 상황을 만들어낼 수도 있다.

경제적 불평등과 사회적 불만이 해결되지 않는다면, 파시즘이나 극단적 국가주의가 다시 등장할 가능성도 배제할 수 없다. 반대로, 경제를 안정시키기 위한 사회민주주의적 접근이 더 큰 전환의 출발점이 될 수 있다. 시장 자율성과 국가 개입 사이의 균형을 찾는 것이 향후 세계 경제의 안정성과 방향성을 결정짓는 중요한 요소가 될 것이다.

인플레이션을 통한 부채 축소

미국 정부는 높은 부채 수준을 통제하기 위해 명목 GDP 성장률이 부채 증가율을 앞서도록 하는 전략을 추구하고 있다. 하지만 현재 실질 GDP 성장률이 낮고, 생산성 증가 또한 제한적이기에 높은 수준의 명목 GDP 성장을 달성하기가 쉽지 않다.

여기서 더 높은 수준의 인플레이션이 해결책으로 등장한다. 인플레이션을 통해 명목 GDP 성장률을 높여 국가 부채의 실질 가치를 줄이는 방식은 과거 제2차 세계대전 이후 미국과 영국을 포함한 여러 국가가 채택했던 방법이다. 이를 통해 부채 비율을 자연스럽게 줄이면서도, 경제 성장의 동력을 유지할 수 있다.

그런데 인플레이션을 통해 부채를 줄이려면 채권 금리가 인플레이션율보다 낮게 유지되는 것이 중요하다. 금융회사는 예금자의 돈으로 정부가 발행하는 국채와 같은 고정 수익률 자산에 투자하게 된다. 이때 인플레이션율보다 낮은 수익률로 국채가 매입되면, 자산 가치가 감소하면서 부채 축소 효과가 나타난다.

명목 성장은 실질 성장과 인플레이션으로 구성된다. 높은 수준의 구조적 인플레이션을 통해 명목 GDP 성장률을 끌어올리는 것은, 높은 부채를 줄이는 입증된 방법이다. 현재 일부 경제학자들과 중앙은행가들 역시 기존의 2% 인플레이션 목표를 더 높은 수준으로 상향 조정하는 것이 필요하다고 주장한다. 이는 기존의 경제 프레임이 변화하고 있음을 의미하며, 정부가 인플레이션을 이용해 부채 부담을 완화하려는 의도를 암시한다.

미국 정부는 재정적자를 줄일 의사가 크지 않다. 이는 경제 전반에 더 많은 유동성을 공급하겠다는 의지를 의미한다. 이런 상황은 수요 측면에서 인플레이션을 자극할 수 있으나, 이는 전략적으로 용인하는 부분이기도 하다.

2024년 3월 FOMC 이후, 연준이 분기마다 장기균형금리$^{Longer\ run}$를 상향 조정한 것은 단순한 금리 조정 이상의 의미를 가진다. 이는 경제 성장의 안정적 유지를 위한 전략적 조치로 볼 수 있다. 인플레이션을 통한 명목성장률 향상 전략이 내포되어 있는 것이다. 정부는 일정 수준의 인플레이션을 허용함으로써 경제 성장 속도를 높이고 재정적자를 완화하려는 의도를 갖고 있다.

생산성 향상이 가시화되기 전까지 미국은 적정 수준의 인플레이션을 유지하며 경제 성장을 추구할 가능성이 크다. 이는 인플레이션을 통해 부채 부담을 줄이고 명목성장률을 개선하려는 전략으로, 생산성 증가가 본격적으로 나타날 때까지 이러한 인플레이션이 경제 목표 달성에 기여할 수 있다.

이 전략은 높은 인플레이션을 통해 예금자의 자산 가치를 서서히 감소시키는 효과를 가져온다. 경제가 안정적으로 성장하는 가운데 일정 수준의 인플레이션이 유지되면, 정부는 시장 충격 없이 인플레이션을 유도해 부채 부담을 줄일 수 있다. 이를 통해 미국 정부가 통화 정책의 일부 권한을 중앙은행으로부터 가져오더라도 전략적 목표를 달성할 가능성이 크다.

부채와 성장의 균형을 위한 전략

미국 정부는 높은 부채를 관리하기 위해 국내 투자자 기반을 조성하려는 계획을 가지고 있다. 상업은행의 국채 보유 비율은 오랜 하락세를 보였다. 그러나 향후 규제 완화를 통해 은행들이 국채와 같은 안전자산을 더 많이 보유하도록 유도할 수 있다.

특히 은행의 위험 가중 자산 비율을 완화하는 바젤Basel III 최종안의 엄격한 자본 규제가 완화되거나, SLR(보완적 자본 비율) 규제의 완화가 이루어진다면, 은행들은 대출과 국채투자를 확대할 수 있는 여력을 확보하여 자산 포트폴리오를 더욱 적극적으로 확장할 기회를 가지게 될 것이다.

현재 은행들이 대출을 유지하는 이유는 민간 부문의 신용 위험보다 정부 지원섹터(보조금)에 대한 신뢰에 기초한다. 불황이 다가올 때 민간 신용에 의존하는 은행가들은 대출을 축소하지만, 정부 지원(또는 보증)을 믿는 은행가들은 계속해서 대출을 확대할 수 있다.

2025년부터는 은행들이 본격적으로 대출을 확장할 것으로 예상된다. 이를 통해 명목 GDP가 계속 성장할 가능성이 커질 수 있다. 물가가 일정 수준 이상으로 높은 상황을 유지하더라도 명목상으로는 경기 위축이 발생하지 않을 가능성도 커 보인다.

금리 급등 가능성을 줄이기 위해 중앙은행이 개입할 가능성도 있다. 중앙은행은 비공식적으로라도 금리 상한을 통제하려 할 것이다. 이는 은행 신용이 금리가 아닌 정치적 메커니즘에 의해 점차 통제되

5부

인플레이션과
채권 투자

16장

원자재와 첨단산업이
물가에 미치는 영향

원자재 가격 상승, 하이퍼인플레이션이 올까?

원자재 시장에서 수요에 비해 공급이 부족한 상황이 지속되면서 주요 원자재 가격은 꾸준히 상승하고 있다. 2023년에는 리튬을 제외한 대부분의 원자재, 예컨대 금, 은, 구리, 아연 등이 10%에서 30% 가까이 상승했다.

그중 금의 가격 상승은 인플레이션 헤지 수요에서 비롯된 반면, 산업 금속인 구리는 다소 다른 상황을 보였다. 구리는 인프라와 제조업, 전력망 등에 필수적인 자원으로, 가격 상승이 산업 전반에 걸쳐 인플레이션을 유발할 수 있다.

원자재 시장은 공급이 비탄력적이기 때문에 단순한 수요 증가만으로도 가격 변동성이 크게 높아진다. 코로나 이후 아연 수요가 급증하면서 원자재 가격은 변동성이 더욱 커졌다. 공급이 경직된 상황에서 원자재 수요가 조금이라도 증가하면 가격이 급등할 가능성이 커지는 것이다.

코로나 팬데믹 이후 공급망 회복이 예상보다 빨리 진행되었다. 그리고 러시아-우크라이나 전쟁과 같은 지정학적 리스크에도 생산 차질은 제한적이었다.

가격 상승의 또다른 이유는 원자재 생산 업체들이 자본지출 투자를 꾸준히 축소해왔기 때문이다. 코로나 이후 원자재 가격이 급등했음에도 공급이 비탄력적으로 반응한 것이 이를 잘 보여준다.

원자재별 수요 또한 차별화되고 있다. 에너지 수요는 주로 경제 활동량에 영향을 받으며, 구리와 같은 산업 금속은 제조업 활동에 더욱 민감하게 반응한다. 예를 들어, 구리는 제조업 PMI와의 상관관계가 높아 제조업 경기와 밀접하게 연관되어 있다.

원자재 가격 상승은 소비자물가에 간접적으로, 때로는 직접적으로 영향을 미친다. 구리, 리튬, 니켈과 같은 원자재는 전력, 자동차, 통신 등 다양한 산업에서 필수 요소로 자리 잡고 있다. 특히 AI, 5G, 전기차와 같은 첨단 산업은 이러한 원자재에 대한 의존도가 높아, 공급 부족 시 인플레이션 압력이 발생할 가능성이 크다.

특히 전력 수요 증가가 물가에 미치는 영향은 더욱 직접적이다. 전력은 모든 산업과 가정에서 필수적인 자원으로, 공급이 부족할 경우 발전소 가동률을 높이거나 추가적인 발전 시설을 구축해야 한다. 이는 공공요금 인상을 초래하며, 전력 요금 상승은 제조업과 서비스업의 비용을 증가시켜 최종적으로 소비자물가 전반에 인플레이션 압박을 가할 수 있다.

이와 같은 원자재 강세가 하이퍼인플레이션으로 이어질 가능성에 대한 우려도 있다. 그러나 코로나19 이후 미국은 중국 의존도를 낮추고 글로벌 공급망을 재편하기 위해 대규모 투자를 진행했다. 이러한 정책은 원자재 가격 상승에 따른 충격을 완화하고, 시장 안정화를 목표로 한다. 더불어, 수요 억제 정책과 함께 연방준비제도(연준)는 기준금리를 물가 상승률보다 약 1.5~2.0% 높은 수준으로 유지하며 철저히 관리하고 있다. 이를 통해 인플레이션이 일정 수준을 초과하지 않도록 통제하고 있다.

2024년 11월 현재, 미국의 장기 국채 금리가 4%대 중반 수준으로 높은 편이지만, 인플레이션이 둔화될 경우 장기금리는 하향 안정화될 가능성이 있다. 장기적으로는 경제 성숙과 기술 발전에 따라 자연금리가 하락하는 경향을 보이며, 이는 인플레이션 압력을 줄이는 데 기여할 수 있다.

결론적으로, 원자재 시장의 공급 제약과 생산의 비탄력성이 언제든 가격 상승을 자극할 가능성이 있지만, 미국 정부와 연준의 정책적 대응은 이러한 충격을 완화하는 데 중요한 역할을 하고 있다. 금리 조정과 통화 공급 관리 등을 통해 원자재 가격 상승이 경제 전반에 미치는 영향을 최소화하며, 하이퍼인플레이션 가능성을 제한하고 물가 안정성을 유지할 것으로 보인다.

첨단산업과 인플레이션의 연결고리

미국 정부는 반도체와 AI 등 특정 섹터에 막대한 재정 지출을 하며, 기술 혁신과 글로벌 경쟁력 강화를 위해 투자하고 있다. 이러한 선택은 반도체와 AI 분야의 중요성을 반영한다.

반도체는 전자제품, 자동차, 통신과 같은 다양한 산업에 필수적인 요소다. 하지만 에너지나 식품처럼 소비자들이 매일 직접 구매하는 필수품이 아니다. 그래서 가격이 상승하더라도 소비자물가에 미치는 영향은 다소 간접적이다.

그러나 반도체 공급 부족이 장기화된다면, 전자제품과 자동차 등 반도체가 중요한 원자재로 사용되는 제품의 생산 비용이 증가하게 된다. 그 결과 소비자들이 최종적으로 지불하는 가격이 상승하게 되며, 간접적인 인플레이션 압박이 발생할 가능성도 있다. 특히 AI, 5G, 전기차와 같은 분야에서 반도체 수요가 급증하면서 특정 산업에서는 공급 부족에 따른 가격 상승 압력이 가중될 수 있다.

전력은 모든 산업과 가정에서 필수적인 자원이다. 최근 전력 수요는 데이터 센터와 같은 첨단 산업의 확대로 인해 크게 증가하고 있다. 에너지 수요 급증은 전력 요금 상승을 불러일으킬 수 있으며, 이는 전반적인 생산 비용과 소비자물가에 직접적으로 영향을 미칠 가능성이 크다.

전력 수요가 급증하게 되면 발전소의 가동률이 높아지거나 추가적인 발전 시설이 필요할 수 있다. 이 과정에서 발전 비용이 상승하게 된다. 발전 비용이 상승하면 공공요금 인상으로 이어진다. 그러면 제조업과 서비스업 등의 비용이 증가해서 최종적으로 소비자물가에 인플레이션 압력이 생길 수 있다.

또한 전력 비용이 상승하면 물류와 농업 등 전력을 필요로 하는 모든 산업에 걸쳐 비용이 상승한다. 이로 인해 공급망 전반에 연쇄적인 비용 상승 효과가 나타날 수 있다.

재생에너지로의 전환도 전력 요금 상승에 영향을 미칠 수 있다. 재생에너지 발전 설비를 설치하고 유지하는 초기 비용이 높기 때문에, 이러한 전환 과정에서 단기적으로 전력 비용이 증가할 가능성이 있다.

17장

단순한 물가 상승,
그 이상의 의미

인플레이션을 바라보는 두 가지 관점

인플레이션은 단순히 통화량 증가로 물가가 상승하는 현상이 아니라, 엄청난 규모의 부와 권력이 재편되는 과정이다. 예를 들어, 우리가 흔히 보는 소비자물가지수^{CPI}와 같은 인플레이션 지표는 다양한 요소의 평균치에 불과하며, 각각의 물가 요소는 저마다의 속도와 강도로 움직인다.

실제로는 소비자물가지수는 상승했지만 일부 품목은 하락하거나 변동이 미미했을 수 있다. 이러한 지수는 인플레이션의 겉모습을 보여주지만, 내부에서 일어나는 구조적 변화를 온전히 설명하지는 못한다.

인플레이션이 발생하면 경제 전반에서 부의 흐름이 재편된다. 인플레이션이 발생하는 시기에는 필수 제품이나 시장에서 독점적 지위를 가진 기업들이 가격을 조정하며 이익을 유지하거나 증대시키는 반면, 재무적으로 어려움을 겪고 있는 기업들은 가격 인상이 어렵다. 이 과정에서 부는 큰 기업과 자본력 있는 계층으로 집중되며, 경제 구조와 권력의 재편이 일어난다.

이는 인플레이션이 단순한 가격 상승 이상의 의미를 가지며, 경제 내에서 권력과 자본이 어떻게 이동하고 집중되는지를 보여주는 현상 이라는 점에서 주목할 필요가 있다.

인플레이션에 대한 두 가지 상반된 관점은 경제 현상을 바라보는 시각에서 큰 차이를 보여준다.

(1) 인플레이션을 화폐적 현상으로 보는 시각

먼저 화폐수량설 관점에서는 인플레이션을 단순히 화폐적 중립 현상으로 본다. 이 이론에 따르면, 경제에서 통화량(M)이 증가하면 유통속도(V)와 상품 총량(Q)이 일정하다는 가정 아래, 가격(P)은 통 화량에 비례하여 변화한다. 즉 $MV=PQ$라는 방정식을 통해 인플레이 션은 통화 공급 증가에 따른 가격 상승일 뿐이라는 결론에 도달한다.

밀턴 프리드먼과 같은 경제학자들은 인플레이션을 독립적이고 중 립적인 현상으로 간주하며, 사회 구조나 경제적 불평등에 직접적인 영향을 미치지 않는다고 주장한다. 이러한 관점은 중앙은행의 통화 정책을 통해 인플레이션을 억제하고 물가 안정을 유지할 수 있다는 믿음을 기반으로 한다.

(2) 인플레이션을 권력적 현상으로 보는 시각

반면 '권력적 인플레이션' 가설은 인플레이션을 단순한 화폐 현상으로 보지 않는다. 인플레이션은 경제 내에서 권력과 자본의 집중을 반영하며, 이는 곧 사회 구조와 시장 경제의 변화를 수반하는 '권력적 현상'이다.

인플레이션이 일어날 때 가격 결정력의 크기, 즉 시장에서 영향력을 가진 주체들이 자본을 더욱 집중하고 강력한 권력을 행사하게 된다. 이로 인해 특정 기업이나 계층이 부와 권력을 장악하고, 경제 전반에 걸쳐 소득 불평등과 양극화를 촉진하게 된다는 것이다.

실제로 인플레이션이 발생할 때 시장에서 독점적 지위를 가진 대기업들은 가격을 더 높일 수 있다. 이로 인해 마진을 넓히고 시장에서의 권력 또한 강화된다. 예를 들어, 소비자에게 필수적이거나 독점적인 제품을 생산하는 기업들은 시장의 경쟁에서 유리한 위치를 차지해 인플레이션 속에서도 수익을 증대한다. 반면 재정적으로 어려운 중소기업이나 경쟁력이 약한 기업들은 비용 증가에 압박을 받으면서 가격 인상이 어려워진다.

결국 권력적 인플레이션 가설은 인플레이션이 단순한 중립적 화폐 현상이 아니라, 경제적 권력과 자본이 특정 계층으로 집중되고, 사회 구조가 불균형적으로 재편되는 중요한 과정임을 강조한다. 이 과정에서 일반 소비자는 더욱 높은 물가에 직면하고, 경제적 자원은 특정 기업과 계층으로 집중되어 사회의 구조적 불안정을 초래하게 된다.

대기업에 집중되는 경제 권력

일반적으로 물가가 상승하면 기업의 명목 실적이 증가하는 경향이 있다. 하지만 실질적인 실적 상승은 주로 권력을 행사할 수 있는 대기업에 집중된다. 이들 대기업은 시장에서 가격 결정력을 갖고 있어 물가 상승분을 반영해 수익을 증대시킬 수 있는 반면, 소기업들은 이러한 여력이 부족하여 실적 전망치가 크게 개선되지 않는다.

예를 들어, 대기업 중심의 지수에서는 실적 전망이 상향 조정될 수 있지만, 러셀 2000과 같은 소기업 지수에서는 전망치에 큰 변화가 없거나 개선이 제한적일 수 있다. 이로 인해 자산시장에서 대기업은 강세를 보일 수 있지만, 실물경제의 소기업들은 여전히 어려움을 겪게 된다.

이처럼 차별적 가격 결정력은 사회에서 자산이 특정 계층으로 집중되도록 하며, 특히 소득의 불평등을 심화시킨다. 결과적으로, 권력이 집중된 기업이나 계층은 점점 더 강력한 위치에서 사회에 영향을 미치게 되고, 이는 사회적·경제적 구조의 변화를 초래한다.

또한 이러한 권력 집중화 현상은 특정 기업들이 시장에서 얼마나 큰 영향력을 행사할 수 있는지를 보여준다. 예를 들어, 애플이나 아마존과 같은 대기업은 소비자 가격 결정에서 막대한 권한을 행사하며, 제품 원가에 비해 훨씬 높은 마진을 얻는다.

반면 소규모 기업들은 이러한 마진을 확보할 여력이 부족하며, 경쟁력을 유지하기 위해 필수적인 제품이라 할지라도 가격을 인상하지 못하는 경우가 많다.

　이러한 상황에서 자본력 있는 대기업들은 점점 더 높은 가격 책정을 통해 이익을 축적하고, 결과적으로 권력이 더 집중되는 경향이 나타난다. 이런 현상이 인플레이션 속에서 특정 기업과 계층이 시장 권력을 더욱 강화하고, 이로 인해 권력의 불균형이 심화된다.

고금리 시대의 명암:
인플레이션 억제와 양극화

전통적으로 중앙은행은 금리 인상을 통해 인플레이션을 억제하려 한다. 그러나 이러한 통화 정책은 단기적인 처방에 불과할 때가 많다.

　고금리 정책에는 인플레이션 억제라는 긍정적인 효과가 있지만, 그 이면에는 부의 양극화라는 부정적 영향도 커지고 있다. 금리 인상은 다양한 계층과 기업에 서로 다른 영향을 미치고 있으며, 경제 전체에 걸쳐 복잡한 파급 효과를 불러일으키고 있다.

　예금과 현금과 같은 현금 자산을 중심으로 상위 1%와 하위 50%의 재정 상태를 비교해보면, 부유층과 서민층 간의 격차가 계속해서 커지고 있음을 알 수 있다. 특히 고금리는 고정 수입 자산을 소유한 상위 소득 가구에 유리하게 작용하여 현금 흐름을 증가시키고 있다. 반면에 서민층은 고금리로 인해 부채 상환 부담이 커지면서 재정적으로 더욱 어려운 상황에 처하게 된다. 이로 인해 부유층은 더욱 부유해지고, 서민층은 더욱 어려워지는 양극화 현상이 심화되고 있다.

또한 연준의 금리 인상은 대기업보다는 소형주와 중형 시장 기업에 더 부정적인 영향을 미치고 있다. 특히 수익성이나 매출 규모가 부족한 IT 기업, 바이오, 소프트웨어, 벤처캐피탈 중심의 기업들이 큰 타격을 받고 있다. 이들 기업은 자본에 의존해 성장하는 구조인 만큼, 고금리가 자금 조달에 어려움을 가중하고 있어 사업을 유지하는 데도 큰 난관에 직면하고 있다.

인플레이션은 단순히 경제 현상이 아니라, 권력과 자본이 재편되고 사회적 불평등이 심화되는 구조적 변화를 나타내는 신호다. 인플레이션의 본질을 제대로 이해하기 위해서는 단순한 화폐적 증가라는 관점에서 벗어나 권력과 부의 이동이라는 관점으로 접근해야 한다.

인플레이션은 단순히 물가를 억제하거나 금리를 인상하는 것과 같은 단기적 정책으로 해결되지 않는다. 부와 권력의 재분배가 초래하는 불평등을 완화하기 위한 종합적인 정책이 필요하다. 사회적, 정치적 문제 해결과 정책이 동반되어야 인플레이션으로 인한 사회적 갈등과 경제적 불평등을 줄일 수 있다.

경제는 끊임없이 변화하며, 인플레이션은 그 변화의 한 단면이다. 자산 가격 상승과 실물경제 간의 괴리가 점점 더 커지고 있는 오늘날, 인플레이션은 우리 사회에 중요한 질문을 던지고 있다. 앞으로 우리는 인플레이션과 디플레이션에 대응하는 포괄적이고 구조적인 접근이 필요하며, 이는 경제적 안정과 사회적 정의를 위한 필수 요소가 될 것이다.

부의 양극화는 디플레이션을 부른다

코로나 시기를 제외하면, 지난 몇십 년 동안 주식과 부동산을 비롯한 자산 가격은 꾸준히 상승해왔다. 그러나 이러한 자산 가격 상승은 전반적인 소비자물가 인플레이션으로 이어지지 않았다. 이는 경제 구조적 변화와 더불어 자산 소유의 양극화가 중요한 역할을 했음을 시사한다.

지난 50년간 자본주의 경제의 확산으로 인해 경제적 격차는 확실히 증가했다. 상위 1%의 자산 비중은 높아졌고, 중산층은 상대적으로 어려운 재정 상태에 처하게 되었다.

자산 가격 상승의 주요 수혜자는 고소득층과 부유층으로 제한되었다. 예를 들어, 주식시장의 호황은 워런 버핏과 같은 초고소득층의 자산 가치를 크게 증가시켰으나, 일반 대중의 자산 증가로는 이어지지 않았다. 자산 소유의 집중화는 금융시장에 자본 유입을 촉진하고 가격 상승을 이끌었지만, 실물경제로의 자금 순환은 제한적이었다.

부유층의 자산 증가는 대체로 저축이나 재투자로 이어지며, 소비 증가로 연결되지 않았다. 고소득층은 한계소비성향이 상대적으로 낮아, 자산 증가가 전반적인 소비 지출 증가로 이어지는 경향이 약하다. 이는 자산 시장의 호황에도 불구하고, 실물경제의 수요 압박이 제한되었음을 의미한다.

자산 가격 상승과 실물경제의 인플레이션이 분리된 이유는 경제적 양극화와 밀접하게 연결된다. 자산 상승의 주요 수혜자인 고소득층은 소수에 불과하며, 대다수의 중산층과 저소득층은 실질 소득이 정체되거나 하락한 상황에 처해 있다. 이러한 소수의 자산 축적은 금융시장과 부유층 중심의 부의 증가로 이어졌고, 경제 전반의 수요 창출에는 기여하지 못했다.

양극화로 인해 대다수 소비자의 소득 대비 소비 여력이 줄어들고, 부유층의 소비는 제한적이다. 이에 따라 경제 전체의 수요는 정체되었으며, 자산 시장과 소비시장 간의 괴리는 더욱 심화되었다. 자산 가격 상승은 주식과 부동산 같은 금융시장에 집중되었으며, 소비자 물가 인플레이션과는 별개의 흐름으로 전개되었다.

이는 자본이 실물경제로 유입되지 않고, 금융시장 내에서 순환했기 때문에 나타난 현상으로 볼 수 있다. 부유층은 자산 증대를 소비보다는 투자에 활용하며, 이는 금융시장 내 자산 가격 상승을 지속시키는 역할을 했다. 주식과 부동산 투자 확대는 시장 내 자본 유입을 늘렸지만, 실질적인 경제 성장이나 소득 분배 개선으로는 이어지지 않았다.

부유층의 부 증가는 대다수의 경제적 이익으로 전환되지 않았다. 이는 경제적 불평등을 심화시키며, 중산층과 저소득층의 소비 여력을 더욱 제한하는 결과를 초래했다. 현재 미국 상위 10%가 전체 소비의 약 40%를 차지하며 경제 활동의 주요 동력으로 작용하는 반면, 하위 50%는 전체 소비의 10%에도 미치지 못하는 극단적인 소비 양극화가 뚜렷이 드러난다. 이러한 상황은 경제 성장의 불균형을 초래하며, 대다수 가계가 소비를 통해 경제에 미치는 영향력을 제한하고 있다.

결과적으로, 자산 가격 상승이 금융시장의 호황으로 이어졌음에도 불구하고, 실물경제와의 괴리가 커지는 원인은 경제적 양극화에서 찾을 수 있다. 이를 해결하지 않는 한, 자산시장과 소비시장의 불균형은 지속될 가능성이 높다.

다시 말해 부의 양극화는 인플레이션을 촉진하는 요인이 아니다. 오히려 디플레이션 요인으로 작용할 가능성이 크다. 중산층과 서민층의 소비 여력이 감소하면 수요가 줄어들어 물가 상승 압력이 줄어들기 때문이다. 이런 관점에서 볼 때, 2025년에는 경제 성장이 일정 수준의 인플레이션 압박을 초래할 가능성이 있지만, 극단적인 인플레이션, 즉 하이퍼인플레이션이 또다시 발생할 가능성은 낮다고 판단된다.

다시 강조하자면, 현재의 경제 상황은 주로 고소득층이 소비를 주도하는 양상을 보이고 있다. 반면, 1970년대는 중산층이 경제의 중심을 이루던 시기로, 소비와 경제 구조가 오늘날과는 다른 특징을 보였다. 또한, 2022년의 인플레이션은 주로 공급망 붕괴라는 구조적 문제에서 기인했다는 점을 상기할 필요가 있다.

18장

미국 정부의 숨은 전략:
금리와 인플레이션

금리 인하의 두 가지 시나리오

미국은 현재 인플레이션을 억제하기 위한 고금리 정책(수요 억제를 통한 인플레이션 제어)을 쓰는 동시에 성장 지원을 위한 재정 부양 정책도 유지하고 있다.

이러한 정책 조합에 대한 비판의 목소리도 커지고 있다. 고금리 정책은 경제에 큰 부담을 주며 지속 가능성이 떨어진다는 의견이 많다. 또한 부의 양극화가 더욱 심화되고 있다는 경고도 무시할 수 없다.

2023년 3월 기준으로 미국의 초과 저축은 대부분 소진되었으나, 고소득 가구의 잉여 저축이 다시 증가하는 현상이 나타났다. 고금리가 고정 수입 자산을 소유한 가구에 높은 현금 흐름을 제공하면서, 상위 소득층에게만 이익을 주는 구조를 더욱 부각한 것이다. 앞서 살펴봤듯, 고금리는 부유층에 유리하게 작용한다. 상대적으로 저소득층과 중산층의 재정 상태를 악화시켜 양극화 효과를 강화하는 결과를 낳는다.

하지만 미국은 여전히 강력한 수요 억제와 재정 부양의 두 축을 포기할 생각이 없어 보인다. 이러한 상황에서 금리 인하는 역사적으로 경기 사이클의 저점을 나타내는 신호로 여겨지며, 경기 확장의 신호탄이 될 수 있다. 그러나 금리 인하가 이루어지는 배경이 중요하다. 여기서 두 가지 시나리오를 생각해볼 수 있다.

첫 번째 시나리오는 인플레이션이 연준의 계획대로 통제되면서 금리를 인하하는 것이다. 이 경우 경제는 안정적으로 경기 확장 국면으로 넘어갈 수 있다. 연준이 성공적으로 인플레이션을 제어하고, 경제 성장이 지속될 수 있을 것이다.

두 번째 시나리오는 인플레이션이 여전히 높은 상태에서 갑작스러운 금리 인하가 이루어지는 것이다. 이 경우에는 금융 시스템에 큰 문제가 발생했음을 암시할 수 있다. 경기침체 가능성이 커지고, 시장은 심각한 불안감에 휩싸일 수 있다.

결국 경기 사이클에 대한 낙관과 비관의 주된 차이는 연준이 인플레이션을 얼마나 잘 통제하고 있는가에 달려 있다. 연준이 인플레이션을 성공적으로 억제하고 금리를 조절할 수 있다면, 경제는 연착륙을 통해 안정적으로 회복될 가능성이 크다. 반면 인플레이션이 통제되지 않은 상태에서 급격한 정책 변화가 발생한다면, 이는 심각한 경제적 위기로 이어질 위험도 있다.

앞으로 연준이 인플레이션과 경기 사이클을 어떻게 조정할 것인지가 경제의 미래를 결정할 중요한 변수로 작용할 것이다.

미국의 적정 장기금리 수준

미국 경제의 미래를 위해 연준은 물가 안정, 재무부는 경제 성장이라는 목표를 추구한다. 미 연준은 물가 안정을 유지하고자 대차대조표를 축소하며 긴축적인 통화 정책을 지속하고 있다. 반면 재무부는 경제 성장을 유지하기 위해 재정적자를 확대하고 있다.

그러나 두 기관의 목표는 결국 미국의 경제적 이익과 패권 유지로 이어진다. 이를 위해 연준과 재무부는 긴밀히 협력하며, 금리 조절을 통해 시장의 불안 요소를 최소화하려 할 것이다. 이러한 목표가 실현되기 위해서는 적절한 금리 수준이 중요한 요소로 작용한다. 금리 수준은 물가 상승을 자극하지 않으면서도, 경제 성장을 저해하지 않도록 설정되어야 한다.

2024년 9월, 연준의 첫 금리 인하는 시장의 예상을 뛰어넘는 과감한 조치였다. 그러나 앞으로의 통화 정책 기조는 대규모 금리 인하보다는 미국채 입찰 수요와 향후 제조업 사이클을 고려한 점진적이고 신중한 조정에 초점을 맞출 가능성이 크다.

미국의 금리 조절은 미국 자체의 이익을 최우선에 두며, 다른 국가를 위한 정책이라기보다는 자국의 국채 매각, 제조업 주도 성장 촉진 등을 위한 방편으로 추진된다. 따라서 향후 금리 인하 시기와 폭은 단순히 시장 흐름이 아닌 미국의 전략적 목표와 밀접하게 연결될 것이다.

연준은 물가 안정을 위해 장기 국채 금리가 4%대에서 유지되길

희망할 수 있다. 그러나 이러한 금리 수준이 반드시 재무부의 목표와 일치한다고 보장할 수는 없다. 금리가 과도하게 높아질 경우 경제 성장에 부담을 주고, 반대로 지나치게 낮아질 경우 물가 상승 압력을 자극할 위험이 있기 때문이다.

한편 미국 정부는 향후 명목 성장을 지속하면서도 평균 부채 금리보다 높은 수준의 인플레이션을 유지하려는 전략을 택할 가능성이 크다. 이는 이른바 '금융 억압Financial Repression'이라는 경제적 접근 방식에 근거한다.

나는 미국이 인플레이션을 3~4%로 관리하면서 명목 GDP 성장률을 6~7%로 끌어올릴 것으로 본다. 다만 국채 금리는 이론 가치보다 인위적으로 낮게 유지하고, 성장과 인플레이션을 통해 명목 부채 수준을 관리하는 금융 억압 전략이 펼쳐질 가능성이 높다. 이러한 조합은 채무 부담을 줄이는 동시에 경제 성장 동력을 확보하려는 정부의 목표와 맞물려 있다.

이를 통해 정부는 높은 부채 부담을 관리할 수 있으며, 부의 이동이 발생하게 된다. 이는 예금자들에게는 불리하지만, 대출자와 젊은 층에게는 유리한 구조다.

미국의 평균 연령이 38세로 다른 선진국에 비해 젊다. 그렇기 때문에 금융 억압은 부의 이동을 통해 청년층의 부채 상환을 돕는 방식으로 작용할 수 있다. 이는 예금자보다는 대출자에게 유리한 구조로, 젊은 세대가 더 많은 혜택을 보게 될 것이다.

이처럼 연준과 재무부는 서로 다른 우선순위를 가질 수 있다. 연준은 물가 안정에, 재무부는 경제 성장과 부채 관리에 중점을 두기 때문에, 금리 수준을 둘러싼 미세한 균형점 찾기가 중요한 과제가 될 것이다.

따라서 장기적인 경제 안정을 위해 두 기관이 협력하여 최적의 금리 수준을 결정하는 과정이 필요하다. 이를 통해 경제의 안정과 성장을 동시에 도모할 수 있을 것이다.

생산성 향상을 통한 인플레이션 완화 유도

장기적으로는 생산성 향상이 인플레이션 압력을 완화할 것이다. 역사적으로도 산업혁명이나 인터넷 혁명과 같은 기술 발전이 공급 능력을 크게 증가해 물가 안정을 이끌어왔다. 이번에도 설비 투자가 경제 성장을 견인하면서 인플레이션은 장기적으로 안정될 가능성이 높다. 초기 투자로 인한 단기적 물가 상승은 결국 생산성 향상에 의해 조정될 수 있다.

미국 정부는 막대한 재정적자를 안고 있지만, 반도체와 AI 같은 첨단 기술 분야에 대해서는 아낌없이 투자하고 있다. 이러한 전략은 경제와 안보를 결합한 일련의 정책적 판단으로 이해될 수 있으며, 인플레이션을 통해 부채 부담을 줄이려는 정부의 목적과도 맞물려 있다.

생산성 향상과 장기적인 인플레이션 관리(안정화)를 위해서는 에너지 인프라의 확충이 필수적이다. 오늘날 AI 혁명의 가속화는 데이터 센터의 전력 수요를 급격히 증가시키고 있다. 예를 들어, 버지니아의 데이터 센터가 전체 전력 소비의 26%를 차지할 정도로 데이터 센터는 막대한 전력을 소모한다.

이는 AI 알고리즘의 학습과 처리를 위한 고도의 컴퓨팅 파워를 필요로 하기 때문이다. 자율주행차, 챗봇, 자연어 처리, 이미지 인식 등 AI 기술이 일상에 깊숙이 침투할수록 데이터 센터는 필수적인 인프라로서의 역할을 강화하고 있다.

이러한 상황에서 에너지 인프라 투자는 필수적이다. 데이터 센터의 전력 수요를 충족시키기 위해서는 안정적이고 지속 가능한 에너지원이 필요하다. 특히 재생 에너지를 활용한 전력 공급으로의 전환이 중요한 과제가 될 것이다.

이를 위해 신재생 에너지 발전 설비에 대한 투자와 더불어, 스마트 그리드 기술과 에너지 저장 기술의 개발이 병행되어야 한다. 이러한 장기적 에너지 투자가 없다면, 데이터 센터의 운영은 에너지 부족이나 비용 상승으로 인해 어려움을 겪을 수 있다.

또한 데이터 센터의 에너지 효율성을 높이기 위한 기술적 혁신도 중요하다. 냉각 시스템 효율화, 서버 전력 관리 최적화, 고효율 반도체 사용 등을 통해 데이터 센터의 전력 소비를 줄이고 AI 혁명을 더욱 가속화할 수 있을 것이다. 전 세계 데이터 센터 허브로 알려진 버지니아, 특히 노던 버지니아 지역에서 데이터 센터가 전체 전력 소비의 26%를 차지한다는 사실은, 데이터 센터가 단순한 IT 인프라를 넘어 지역 경제와 에너지 소비 구조에 중대한 영향을 미치고 있음을 명확히 보여준다. AI 혁명을 지속하려면 에너지 공급 문제 해결이 필수적이다.

연착륙을 향한 과제

미국이 연착륙을 성공적으로 이루기 위해서는 통화 정책과 재정 정책의 조화가 필수적이다. 인플레이션을 억제하면서도 경제 성장과 자산 가격의 상승을 달성하기 위해서는 적절한 재정 정책이 뒷받침되어야 한다. 미국은 일정 수준의 인플레이션을 용인하겠지만, 그 인플레이션이 경제에 부정적 영향을 미치지 않도록 조정할 필요가 있다.

미국은 당분간 인플레이션을 관리 가능한 수준으로 유지하면서 재정 정책을 통해 경제 성장과 명목 성장률을 끌어올리는 전략을 취할 가능성이 크다. 생산성 향상이 가시화되기 전까지는 인플레이션이 경제적 목표를 달성하는 데에 기여할 수 있지만, 장기적으로는 안정화될 가능성이 높다고 예상한다. AI와 에너지 인프라, 재정 정책의 조화 속에서 달러 패권과 경제 성장을 유지하는 방향으로 미국 경제가 나아가고 있음에 주목해야 한다.

자산 가격 상승은 소비를 촉진하는 효과가 있다. 주식, 부동산 등 금융시장의 자산 가치가 상승하면, 사람들은 자산이 늘어났다고 느끼며 소비를 더 많이 하게 된다. 그러나 이러한 소비 촉진 효과가 금융시장 내 자산 상승에 국한될 경우, 실물경제에는 제한적으로만 영향을 미칠 수 있다. 즉 자산 가격이 상승해도 소비와 투자가 실질적으로 증가하지 않는다면, 인플레이션 압력은 크지 않을 수 있다.

2022년부터 2024년까지 금융시장에서의 유동성은 실물경제로 크게 전이되지 않도록 잘 관리되어왔다. 그러나 금리 인하가 시작되고 경기 연착륙에 대한 기대감이 높아진다면 상황은 변할 수 있다.

금리 인하로 인해 자본 비용이 감소하면 기업들이 설비 투자에 나설 가능성이 커진다. 이는 생산 능력을 확장하고 장기적 경제 성장을 도모하는 계기가 될 것이다. 하지만 단기적으로는 자재, 노동력, 에너지 수요의 증가로 인해 인플레이션 압력을 높일 수 있다.

19장

미국의
국채발행 전략

안정적인 국채 수요가 필요하다

2023년 미 연준의 대차대조표 축소와 미 재무부의 재정적자 확대는 단순한 재정 정책 이상을 의미한다. 이는 국채 공급을 늘려야 한다는 뜻을 담고 있으며, 이를 위해 반드시 안정적인 국채 수요가 필요하다.

미 국채의 지속적인 수요처를 확보하기 위해서는 연준과 재무부가 지나치게 긴축을 밀어붙여서는 안 된다. 만약 일본, 중국, 유로존 등의 주요 국가들이 자국 환율을 방어할 필요성을 느낄 정도로 미국이 긴축을 강화한다면, 자본 흐름에 교란이 발생할 수 있다.

또한 물가나 성장이 과도하게 자극되어 국채 수요가 급격히 감소하는 상황도 피해야 할 것이다. 이를 위해 연준과 재무부는 균형을 맞춰야 한다. 연준은 물가를 안정시키되 시장을 자극하지 않는 범위 내에서 금리를 조절하고, 재무부는 미국 내 성장을 유지하면서도 국채의 해외 수요를 유도할 수 있는 정책을 펼쳐야 한다.

연준이 설정하는 금리 상단과 재무부가 바라는 금리 상단은 반드시 일치하지 않을 수 있다. 연준은 물가 상승을 억제하려는 목적이 크지만, 재무부는 성장을 위축시키지 않으면서도 국채 시장의 안정성을 유지할 수 있는 금리 수준을 선호할 가능성이 높다. 따라서 금리 결정 과정에서 연준의 긴축 기조가 강해질 것이라는 우려는 다소 과도하다. 설령 연준이 긴축을 강화하더라도, 미국 경제가 견고한 성장세를 유지할 가능성도 있다. 재무부가 경제 성장과 GDP 확대를 통해 재정적자 비율을 관리하는 전략을 지속할 것이기 때문이다.

재무부는 반도체, AI, 첨단 기술, 인프라 재건과 같은 전략적 투자에 예산을 투입함으로써 경제 성장을 촉진하려 하고 있다. 이러한 투자는 궁극적으로는 미국 경제의 자립적 성장을 촉진하고, 성장률을 통해 부채 부담을 경감시키기 위한 정책이다. 그러나 이런 투자가 실현되기 위해서는 누군가가 계속해서 국채를 매입해줄 필요가 있다.

미국이 강력한 경제 성장을 유지하거나 달러화의 영향력이 지속된다면, 외국인 수요는 다시 증가할 수 있다. 특히 미국이 상대적으로 높은 금리를 유지할 경우, 외국 자본이 다시 미국 국채로 유입될 가능성이 있다. 지정학적 안정성과 다른 국가들의 경제적 불안정이 겹칠 경우, 자본은 다시 미국 국채로 이동할 것이다. 이러한 흐름이 가속화되면, 1980년대와 1990년대 이후 고금리·강달러 시기에 발생했던 남미 위기, 동아시아 위기, 남유럽 위기와 유사한 패턴이 재현될 가능성이 있다.

과거 사례를 보면, 글로벌 경제의 불확실성이나 경기둔화 시기에 안전한 투자처를 찾는 자본이 미국 국채로 유입되는 경향이 있다. 또한 달러화가 세계 기축통화로 자리 잡고 있는 한, 각국의 중앙은행과 투자자들은 미국 국채를 외환보유액으로 선호할 가능성이 크다.

장기 국채 발행이 확대될 경우, 외국인 수요를 끌어들이는 것이 매우 중요하다. 따라서 미국 국채에 대한 외국인 수요가 향후 어떻게 변화할지에 대해 주목할 필요가 있다.

미국 국채 시장의 움직임에 주목하라

미국은 높은 경제 성장 잠재력과 달러화의 글로벌 기축통화 지위를 통해 경제적 안정성을 유지하고 있다. 달러화는 전 세계적으로 안전자산으로 인식된다. 미국의 정부 부채가 증가함에도 금융 시스템과 국채에 대한 신뢰가 견고하게 유지되고 있다. 이에 따라 미국은 글로벌 자금의 안전한 피난처 역할을 지속하고 있다.

2024년도 9월 기준 미국 정부 미상환 부채의 약 89%는 고정금리로 구성되어 있으며, 이 중 22%는 단기채Bills, 50%는 중기채Notes, 17%는 장기채Bonds다. 이 고정금리 부채 구조는 금리 변동의 위험을 피하면서 장기적으로 예측 가능한 이자 지출을 유지하려는 전략을 반영한다. 이를 통해 금리가 상승하더라도 기존 부채에 대한 추가적인 이자 부담을 최소화할 수 있도록 설계되어 있다.

하지만 2025년 만기 도래하는 국채가 약 9조 달러에 달하며, 연간 재정적자 규모가 1~2조 달러에 이를 것으로 예상된다. 그렇기 때문에 이를 어떻게 리파이낸싱refinancing 하고 신규 발행을 해나갈지가 관건이다. 연준과 재무부가 어떤 전략으로 접근하느냐에 따라 국채 시장과 재정 운용에 큰 영향을 미칠 수 있다. 향후 금리 환경과 경제 상황에 따라 리파이낸싱 전략이 달라질 것이다. 특히 중장기채 발행을 통한 자금 조달이 더욱 중요한 역할을 할 것으로 보인다. 따라서 미국 국채 시장의 움직임을 주의 깊게 살펴볼 필요가 있다.

2023년부터 2024년까지, 최근 2년간 미국은 단기 국채 중심의 발행을 확대해 전체 국채 발행량에서 단기 국채의 비중이 22~23% 수준으로 증가했다. 이는 과거보다 상당히 높아진 수치로, 재무부 국채차입위원회TBAC가 권고하는 15~20% 비중을 초과한 상태다. 앞으로 미국이 단기 국채 발행 비중을 줄여야 한다면, 장기 국채에 대한 수요가 부족한 상황에서 자금 조달이 원활하게 이루어질 수 있을까?

우선 이 부분에 대한 일반적인 오해를 바로잡을 필요가 있다. 2024년 9월 기준으로 미국 국채의 평균 만기는 약 6년으로, 이는 역사적으로 가장 긴 부채 듀레이션 수준이다. 즉 미국 정부는 이미 상당히 긴 듀레이션을 확보하고 있어, 당장 급하게 장기 국채 발행을 늘릴 필요가 없다. 이 긴 듀레이션은 정부가 부채 상환에 필요한 시간을 충분히 확보했다는 의미다. 이는 시장에서 갑작스러운 채무 불이행에 대한 우려를 크게 줄여준다. 또한 부채 듀레이션이 길수록 정부는 금리 변동이나 단기 재정 압박으로부터 더 큰 안정성을 확보할 수 있다. 이는 장기적으로 미국 경제에 중요한 완충 역할을 한다.

현재 2024년 하반기를 기준으로 정부의 부채 이자비용이 전체 정부 지출의 약 12%를 차지하고 있긴 하지만, 여전히 관리 가능한 범위 내에 있다. 물론, 이 이자 비용은 금리가 높아진 상황에서 부담으로 작용할 수 있지만, 앞으로 금리가 인하될 것으로 예상되면서 이자 비용 역시 점진적으로 줄어들 것이다.

미국 정부는 금리 인하가 시작되는 시점에 맞춰 중장기 국채의 비중을 서서히 확대할 가능성이 크다. 금리가 낮아지면 장기 채권에 대한 발행 비용이 줄어든다. 정부는 이를 활용해 중장기 채권을 발행하는 데 더 유리한 환경을 맞이하게 된다. 이를 통해 장기적으로 금리 변동에 대한 리스크를 줄이고, 채무 구조를 안정화할 수 있다.

미국 발행 국채의 평균 듀레이션

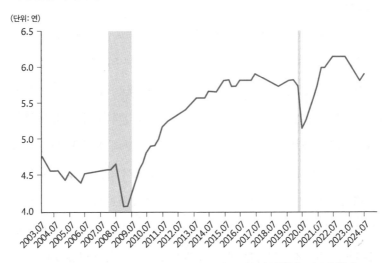

자료: 미국 재무부 U.S. Department of the Treasury

미국 국채 경매 전략

경매가 완료된 후, 발행 시점의 국채 수익률과 새로 발행된 국채 수익률 간의 차이를 흔히 '테일^{Tail}'이라고 부른다. 예를 들어, 1bp의 테일은 경매 결과가 경매 직전 오후 1시에 거래된 수익률보다 1bp(0.01%) 높았다는 것을 의미한다. 특히 10년물과 30년물 국채의 경매 결과는 시장에서 중요한 지표로 여겨진다.

이들 장기 국채의 경매 결과가 3bp 이상 벗어나는 경우, 이는 국채에 대한 수요가 예상보다 약하다는 신호로 해석될 수 있다. 이러한 수요 약화는 국채 발행과 자금 조달에 영향을 미치며, 미국의 재정

10년물 채권 경매 테일

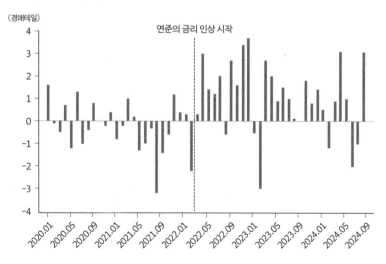

자료: 미국 재무부 U.S. Department of the Treasury

운용에도 중요한 변수가 될 수 있다.

테일이 크다는 것은 국채 경매에서 수요 부족을 의미하며, 이는 해당 만기의 국채가 시장에서 매력적이지 않다는 신호다. 이러한 상황에서는 재무부가 수요를 늘리기 위한 정책적 조치를 취하거나, 해당 만기 국채의 순발행량을 조정하는 전략이 유효할 수 있다. 특히 향후 몇 년간 더 높은 예산 적자와 국채 발행 증가가 예상되는 가운데, 이러한 대응 전략의 중요성은 더욱 커지고 있다.

2024년 10월 말, 연방 예산 위원회Committee for a Responsible Federal Budget는 도널드 트럼프 당선인의 세금 및 지출 계획이 2026 회계연도부터 2035년까지 미국 정부 부채를 최소 1조 6,500억 달러에서 최대 15조 5,500억 달러까지 증가시킬 수 있다고 추정했다. 중앙값 기준으로는 약 7조 7,500억 달러가 증가할 것으로 예상된다. 이러한 부채 증가는 단기적 부담을 넘어 장기적으로 국채 공급과 수요의 불균형을 심화시켜 장기 금리에 추가 상승 압력을 가할 가능성이 높다.

동시에, 미국 국채 시장에서 외국 자본 의존도가 줄어들고 있는 점도 주목할 만하다. 특히 중국은 자국 경제의 둔화와 같은 여러 요인으로 인해 국채 매수를 축소하며 주요 매수자에서 매도자로 전환되었다. 과거 중국 경제가 강세를 보일 때는 글로벌 시장에서 경쟁력을 유지하기 위해 달러를 매입하고 위안화를 매도했으나, 현재는 위안화를 매수하고 달러를 매도하는 구조로 바뀌었다.

이로 인해 발생한 수요 공백은 미국의 가계, 연금 펀드, 보험사 등 금리변화에 민감한 국내 투자자들이 메우고 있다. 결과적으로, 미국 국채 시장의 중심이 금리에 둔감했던 외국 투자자에서 금리에 민감한 국내 투자자로 이동하고 있다.

이러한 변화 속에서 10년물 국채 경매 스프레드^{tail}와 같은 세부 지표의 중요성은 점점 더 두드러지고 있다. 물론 국채 이자율을 인위적으로 조정하는 방안도 검토될 수 있다.

하지만 안정적인 국채 수요를 확보하려면 정책 입안자들의 정교하고 효과적인 커뮤니케이션 역량, 특히 텀 프리미엄 관리 능력이 핵심적이다. 이는 시장 참여자들에게 미국 경제의 성장 잠재력과 인플레이션 안정성에 대한 신뢰를 구축함으로써 실현될 수 있을 것이다.

6부

미국 증시, 상승의 문인가,
조정의 길인가?

20장

미국의 패권 유지를 위한
재정 전략

세계화의 끝자락에서

1980년 이후 국제 무역의 개방도가 높아지며 세계화가 본격화되었다. 이 세계화의 물결은 생산과 소비를 분리된 구조로 만들었고, 저비용과 생산성 향상을 통해 글로벌 성장을 촉진했다. 국제 교역량의 증가는 저비용과 효율성 덕분에 물가 안정에도 기여하면서 전 세계 성장의 주요 요인이 되었다.

그러나 2008년 금융위기 이후 무역의 비중이 줄어들면서 세계화의 속도는 둔화되기 시작했다. 코로나19와 러시아-우크라이나 전쟁 이후 공급망 교란으로 자국 우선주의와 보호무역이 부각되며, 효율성 중심의 세계화 시대는 저물어가고 있다. 주요국들이 산업정책을 부활시키며 자국 우선주의에 따른 블록 경제가 강화되고, 국가 및 지역 간의 성장 격차는 더 심화될 것으로 예상된다.

과거 자유무역 체제에서는 WTO가 산업 보조금을 엄격히 규제했다. 그러나 2022년 이후 미국은 반도체 산업 육성을 위한 CHIPS 법과 IRA 법안을 통해 핵심 산업을 보호하고 있다. WTO의 영향력이 약해지면서 리쇼어링과 프렌드쇼어링friendshoring이 증가하며, 동맹국 중심의 공급망 재편이 가속화될 것으로 보인다.

이런 배경에서 지정학적 리스크가 부각되면서 각국은 정치적 이해관계를 중시하는 블록 경제로 가속화될 것이다. 무역 분절화와 자국 우선주의로 인해 저비용과 효율성이 약화되고 생산비용이 높아지면, 공급 측면에서 장기적인 인플레이션 우려가 자극될 수도 있다.

ECB의 보고서는 무역 분절화의 정도에 따라 글로벌 CPI 상승 압력이 0.9%에서 4.8%까지 증가할 것으로 추정한다. 과거보다 훨씬 높은 물가와 금리가 장기적으로 유지될 가능성이 높다는 것이다.

인플레이션 압력이 커지면 통화 정책은 성장보다는 인플레이션 대응에 초점을 맞추게 된다. 그러면 통화 정책의 강도는 제한될 수밖에 없다. 1980년대 이후 세계화 확산으로 물가가 안정되면서 통화 정책이 주된 거시적 안정책으로 활용되었다. 하지만 2022년 이후의 물가 불안정 환경에서는 인플레이션 방어가 중요한 과제로 부상하며, 통화 정책 주도의 거시 안정 정책은 점점 제한되고 있다.

이로 인해 물가가 불안정할 경우, 미 정부는 결국 재정 정책을 활용하는 방향으로 전환할 가능성이 크다. 따라서 연준은 물가상승률 둔화가 보이더라도, 확실한 승리를 하기 전까지 완벽한 비둘기로 전환하지 않을 것이다.

정부 주도 성장을 통한 새로운 도약

현재 실물 부문은 소비 부진 등으로 침체된 상황이지만, 정부가 주도하는 성장 산업에 대한 투자로 인해 자산시장은 중물가 기조를 유지할 것으로 전망된다. 연준의 통화 정책에 따른 경기 부양 효과는 제한적이겠지만, 정부 주도의 투자를 통해 유효 수요가 창출될 가능성이 크다.

실제로 미국 정부는 2022년부터 재정 정책을 골자로 리쇼어링과 제조업 중심의 외국인직접투자 증가를 유도하고 있으며, 반도체 및 인프라 관련 일자리가 신규 일자리의 절반을 차지하고 있다.

미국 재무부는 공공 투자가 민간 투자를 유치하는 촉매 역할을 한다는 원칙을 강조하고 있다. 최근 미국 제조업 건설 투자 지출 추이를 보면 정부 주도의 투자가 민간 투자로 이어지고 있는 흐름을 확인할 수 있다. 향후 주식시장의 방향성도 정부 주도의 성장 전략이 민간 기업의 투자를 얼마나 유도하는가에 달릴 것으로 보인다.

현재 미국 정부가 추진하는 재정 확대는 양적완화와는 개념이 다르다. 이는 시장에 이미 존재하는 자금을 정부가 빌려 사용하는 방식으로, 자금이 창출되는 것이 아니다. 정부는 조달한 자금을 반도체나 배터리 회사에 보조금 형태로 지원하며 이자를 부과하지 않는다. 정부가 무이자로 제공하는 자금의 가치는 전통적 금융 모델로 평가하기 어려운, 새로운 개념을 제시하고 있다.

이러한 초과 재정 시대에 자금은 경제적 안보와 연관된 중요한 목적을 갖고 있으며, 인플레이션과는 별개로 운용된다.

2023년 2분기 이후 미국의 경기선행지수가 상승하는 상황에서도 미국 정부는 대규모 국채를 발행하고 있다. 이는 통상적으로 경기가 불안정하거나 하락할 때 취하는 조치와는 다르며, 1990년대의 경제 상황과 비슷한 흐름을 보인다. 이러한 국채 발행은 단순한 경기 부양을 넘어서 특정 경제 목표나 금융 시장 상황을 반영할 수 있으며, 장기적으로 민간의 이익이 확대되며 재정적자가 흑자로 전환될 가능성도 염두에 두어야 한다.

미국 재정적자 확대의 경제적·지정학적 의미

미국이 자국 이익을 최우선으로 두고 국제 규범을 수정하거나 폐기하는 것은 브레턴우즈 체제, 닉슨 쇼크, 플라자 합의 등의 사례에서 분명히 드러났다. 이러한 전례는 미국이 국가적 필요에 따라 국제 경제 질서를 과감하게 조정할 수 있음을 보여준다. 미국은 기존 체제를 절대적 원칙으로 삼지 않고, 경제적·정치적 이익에 맞춰 변화시킬 수 있다는 신념으로 행동해왔다.

1971년 닉슨 대통령이 단행한 금본위제 폐지는 이러한 미국의 전략적 유연성을 극명히 보여준다. 금본위제 하에서는 통화 공급이 금 보유량에 따라 제한되었고, 이는 인플레이션과 대규모 부채 관리를 어렵게 만드는 요소로 작용했다.

그러나 금본위제의 종식을 통해 미국은 금 보유량에 구애받지 않고 통화 정책을 독립적으로 운용할 수 있게 되었다. 이로 인해 달러는 국제 금융시장에서 절대적인 위치를 확보했다. 달러가 글로벌 경제의 기준 통화로 자리 잡으며, 미국은 자국 통화의 유통량을 자유롭게 조절하는 동시에 인플레이션의 영향을 효과적으로 관리할 수 있는 경제적 유연성을 확보했다.

이러한 변화는 미국의 재정적자와 경제 정책을 바라보는 시각에 중대한 영향을 미쳤다. 금본위제가 폐지되기 전에는 통화 공급의 과도한 증가나 부채 확대가 경제 위기를 초래할 수 있다는 위험이 컸다. 하지만 금본위제 폐지 이후에는 달러의 안정성과 글로벌 신뢰가 유지되는 한 이러한 위기 가능성은 줄어들었다.

따라서 오늘날 미국 정부는 대규모 재정적자를 관리할 때, 과거와는 달리 부채를 반드시 축소할 필요가 없다는 판단을 내리고 있다. 이는 글로벌 경제 질서가 달러 중심으로 구성된 덕분에 가능한 판단이다. 미국은 이를 최대한 활용하여 전략적 이익을 추구하고 있다.

이러한 배경 속에서 미국 정부는 단순히 경기 부양을 넘어 산업 경쟁력을 강화하고 국가적 패권을 유지하기 위해 재정적자를 적극적으로 활용하고 있다. 앞에서 말했듯 AI, 반도체, 생명공학 등 첨단 기술 분야는 미국이 장기적 우위를 확보하려는 핵심 산업으로, 이들 산업에 대한 투자는 단순한 경제적 수익을 넘어 지정학적 우위를 강화하는 전략적 수단이다.

인플레이션과 금리를 통한 산업 패권

미국이 첨단 산업을 육성하면서도 인플레이션을 용인하는 이유는, 인플레이션 상황에서도 가격 상승을 소비자에게 전가할 수 있는 대기업들이 미국 경제에서 중심적인 역할을 하고 있기 때문이다. 인플레이션은 소비자들에게 부담이 될 수 있지만, 독점적 지위를 가진 대기업들은 이를 흡수하면서도 성장하는 능력을 보유하고 있다. 이러한 기업들은 인플레이션 시기에도 수익성을 유지할 수 있어, 오히려 이들 산업이 성장할 수 있었다.

특히 인플레이션과 금리가 높은 환경에서는 일정 부분 권력 집중을 유도하여 특정 산업과 기업이 경쟁에서 우위를 점할 수 있게 된다. 예를 들어, 미국이 AI 산업에서 독점적 지위를 구축하면, 다른 국가들은 그 기술을 따라잡기 위해 상당한 비용과 리스크를 부담해야한다.

미국은 이러한 경제 구조를 활용하여 AI나 첨단 산업에서 주도권을 유지하고, 경쟁 국가들이 해당 산업에 쉽게 접근하지 못하도록 경제적, 정책적 장벽을 높일 수 있다. 이는 다른 국가들에게 리스크를 높이고, 결국에는 해당 산업을 육성하지 못하게 만들 수도 있다.

미국이 높은 금리와 인플레이션 환경을 유지하면서 특정 산업에 대한 투자를 촉진하고 경쟁력을 강화하는 전략은, 자국 내에서 권력을 집중시키고 독점적 위치를 확보하게 해준다. 높은 금리 정책은 자본 비용을 증가시키고, 경쟁력이 떨어지는 기업들이 자연스럽게 시장에서 도태되도록 유도한다. 이 과정에서 핵심 산업을 영위한 대기업들은 더 큰 시장 지배력을 확보하게 되며, 이로 인해 산업 패권이 더욱 공고해질 수 있다.

요컨대 미국 정부의 재정적자 확대와 첨단 산업에 대한 투자는 단기적인 경기 부양이나 재정 관리 이상의 목적을 가지고 있다. 이는 산업 패권을 유지하고, 경쟁 국가들이 쉽게 따라잡지 못하도록 리스크를 높이는 동시에, 글로벌 경제 질서에서 미국의 주도권을 공고히 하려는 장기적 전략이다.

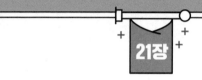

21장

미국에
경기침체가 올까?

미국의 경기침체 우려

미국 경제와 관련하여 경기침체 가능성에 대한 논의가 끊이지 않는다. 2024년 4월에는 연준의 금리 인상과 고금리가 경기둔화를 초래할 수 있다는 우려가 있었지만, 실제 지표는 완만한 성장세를 유지하며 경기침체를 확증하지 않았다. 7월에도 금리의 여파에 대한 우려는 여전했지만, 소비와 고용시장이 견조하게 유지되며 경기침체로 이어질 가능성은 낮아 보였다.

9월에도 경기둔화에 대한 우려가 있었지만, 정부의 재정 정책과 AI 및 기술 혁신 투자 덕분에 경제 성장은 유지되었다. 실제로 당시 상황을 살펴보면, 경기침체라기보다는 유동성 긴축이 주요 이슈였으며, 이로 인해 시장의 우려가 확산된 시기였다고 볼 수 있다.

2024년의 경기침체 우려가 확대된 배경은 무엇일까? 개인적으로,

나는 미국 정부가 장기채 발행(리파이낸싱 등)을 원활히 추진하기 위해 의도적으로 성장 둔화를 유도했다고 본다. 이러한 전략은 부채의 평균 금리 수준을 관리하는 동시에, 2025년 미국이 제조업 강국으로 재도약하기 위한 장기적인 준비 조치였다고 생각한다.

참고로 시중금리, 즉 국채금리가 1%포인트 하락하면 미국 정부의 이자 지출 비용은 약 16% 줄어들게 된다. 이처럼 이자 비용이 감소하면 정부는 다른 필수 분야에 자금을 더 많이 투자할 수 있는 재정적 여유를 확보하게 될 것이다.

물론 일부 중소형 기업들이 어려움을 겪고 있다는 점은 분명하다. 러셀2000 기업의 42%가 마이너스 실적을 기록하며 이들의 경제적 어려움이 부각되고 있다.

그러나 중형주와 대형주의 상황은 다르다. 2024년 9월 기준으로, 중형주 지수에서는 14%, 그리고 S&P500 지수에서는 6%만이 마이너스 실적을 기록했다. 이 실적 차이는 중소형 기업들이 대형주에 비해 더 큰 압박을 받고 있음을 나타낸다. 하지만 이를 곧바로 경제 전체의 둔화로 해석하기는 어렵다.

실제로 미국 경제는 다른 주요 지표에서 회복력을 보이고 있다. 예를 들어, 2024년 2분기 GDP 성장률은 3.0%를 기록했다. 이는 미국 경제가 견고한 성장세를 이어가고 있음을 의미한다. 고용 시장 역시 비교적 안정적이다. 실업수당 청구 건수도 낮은 수준을 유지하고 있어, 여전히 고용 시장이 건강하다는 신호를 주고 있다.

물론 특정 중소형 기업들의 어려움이 계속되고 있지만, 전체적인 경제 둔화로 해석하기에는 무리가 있다. 미국 경제의 성장세가 꺾이지 않았다는 것이 더 맞는 해석일 수 있다. 이는 단순히 몇몇 기업의 실적이 나쁘다는 사실에 집중하기보다는, 더 광범위한 경제 지표들을 종합적으로 바라봐야 한다는 점을 시사한다.

장단기 금리 역전은 경기침체의 신호일까?

많은 전문가가 수익률 곡선 역전 현상을 토대로 머지않아 미국은 경기침체에 빠질 것이라고 전망한다. 그러나 경기침체의 징후를 파악하려면 수익률 곡선만을 보는 것보다 실제로 들어오는 경제 데이터를 분석하는 것이 훨씬 더 유용하다. 그 이유는 장기금리가 경기 사이클뿐만 아니라 해외 수요, 재정 정책, 기간 프리미엄과 같은 다양한 요인을 반영하기 때문이다.

통화 정책의 효과는 일반적으로 12개월에서 18개월 또는 그 이상 걸린다. 그러므로 금리 역전 후 경기침체가 언제 도래할지는 특정할 수 없다. 과거 사례를 보면, 장단기 금리차가 역전된 후 경기침체가 발생하는 데 평균적으로 약 13개월에서 19개월이 소요되었다. 다만 1965년의 경우, 경기침체가 역전 후 48개월 뒤에 발생한 예외도 있다.

이번 사이클에서 수익률 곡선 역전이 최장 기간 지속되고 있지만, 경기침체에 대한 우려는 여전히 존재한다. 연준은 이번 장단기 금리 역전이 경기침체를 예고하지 않을 것이라는 입장을 밝히고 있다. 그러나 과거 사례를 돌이켜보면, 연준의 예측이 항상 현실과 일치했던 것은 아니다. 2007년에는 연준이 경기침체 가능성을 부정했음에도 불구하고 금융위기가 발생했고, 2022년에는 인플레이션을 일시적 현상으로 평가했지만, 이후 지속적인 물가 상승이 이어졌다.

이러한 사례들은 연준의 전망이 반드시 정확하지 않을 수 있음을 보여준다. 따라서 연준의 발표나 입장을 무조건적으로 받아들이기보다는, 본질적인 경제 상황을 깊이 이해하고 함께 생각해보는 것이 더 중요하다.

장단기 금리차가 역전된 상황에서 은행의 예대 마진이 축소될 가능성도 제기된다. 그러나 이번에는 예금 금리가 상대적으로 낮아 예대 마진이 크게 영향을 받지 않았고, 은행들의 실적은 견고하게 유지되고 있다.

연준이 기준금리를 인상하면서도 예금 금리가 상대적으로 천천히 오르는 현상이 나타났는데, 이를 '예금 베타'라고 한다. 미국 대형 은행들의 예금 베타는 약 30%대, 전체 은행 평균은 41% 정도로, 기준금리 인상에 비해 예금 비용의 증가 폭이 작았다.

그 결과, 대출 금리는 상승했지만 예금 금리는 상대적으로 낮아 은행들의 예대 마진은 유지되었고, 대출 증가율도 꾸준히 상승 중이다. 이는 연체율을 낮추는 데 기여했으며, 위험 자산에 대한 대출 필요성도 줄어들었다.

이번 긴축 사이클에서 주목할 점은, 은행들이 예금 금리를 기준금리만큼 올리지 않았다는 것이다. 이로 인해 개인들은 굳이 예금을 늘릴 유인이 없었고, 은행들도 적극적으로 예금을 받지 않았기 때문에 대출도 많이 늘어나지 않았다.

경기침체는 보통 과도한 대출이 부실화되면서 발생하지만, 이번에는 대출 증가율 자체가 크게 오르지 않아, 전통적인 침체 패턴과는 다른 양상을 보이고 있다. 이처럼 경제는 단순한 이론대로만 움직이지 않는다는 점에서, 금리 역전과 경기침체 간의 관계도 그리 단순하지 않음을 보여준다.

역사적으로 경제가 불황에 빠진 것은 코로나19 팬데믹, 리먼브라더스 사태, IT 버블 붕괴, 1990년대 초 상업용 부동산 위기와 같은 대규모 충격이 발생했을 때였다. 그러나 현재의 상황은 이처럼 극적인 충격과는 거리가 멀어 보인다.

2023년과 2024년에는 과거 위기와는 달리, 연준이 의도적으로 설계한 점진적인 경기둔화 과정을 경험하고 있다. 비록 초기 인플레이션 급등은 공급망 차질에 기인했지만, 연준은 이에 더해 수요 측면에서의 인플레이션 억제를 목표로 금리를 인상하며 잠재성장 이상의 경제 성장 속도를 조정하려는 전략을 펼쳤다. 그 결과, 최근 2년간 경제는 뚜렷한 디스인플레이션 기조로 전환되었으며, 연준은 이제 노동시장과 주택시장을 포함한 경제의 다른 중요한 영역에 더 큰 주목을 할 수 있게 되었다.

만약 경제 지표가 예상보다 빠르게 둔화된다면, 연준은 금리를 보다 신속하게 인하할 가능성이 크다. 이는 경기침체의 징후가 나타날 경우, 연준이 이를 대응할 수 있는 충분한 정책 여력을 보유하고 있음을 시사한다.

경기침체 우려를 키울 수 있는 가장 유력한 지표 중 하나는 실업률 상승이다. 하지만 만약 실업률 상승으로 경착륙 우려가 커진다면,

나는 주식투자 측면에서 분할 매수의 기회로 보고 있다. 이번만큼은 연준과 재무부가 이민 정책을 통해 의도적으로 추진하는 경기둔화의 일환이라고 판단하기 때문이다. 경제의 조정이 의도적으로 이루어지고 있다면, 장기적으로 시장에 긍정적인 기회를 제공할 가능성이 높다고 본다.

하위 경제층의 경기둔화 신호는 주식시장의 하락을 의미할까?

2024년 4월 '베이지북'은 소비재 기업들이 실적 부진에 대응하기 위해 가격 인하와 다양한 프로모션을 시작하는 사례가 늘어나고 있다고 언급했다. 또한 전미독립사업자연맹^{NFIB}의 중소기업 조사에도, 향후 3개월 내 가격 인상을 계획하는 기업보다 오히려 가격 인하를 고려하는 기업의 비중이 더 커지는 흐름이 포착되었다. 이러한 신호들은 경기침체에 대한 우려가 최고조에 달했던 당시의 시장 분위기를 반영하고 있었다. 투자자들 사이에서는 경제 불확실성에 대한 우려가 커지며 주식시장의 변동성도 크게 확대되었다.

그러나 주식 투자자들이 주목해야 할 점은 고용과 GDP에서 큰 비중을 차지하는 영세업체들이 주식시장에 상장되지 않았다는 사실이다. 많은 자영업자가 운영하는 영세업체는 실적 부진을 겪고 있지만, 이는 반드시 증시와 연결되지 않는다. 반대로, 반도체와 기계 등 제조업 분야에서는 AI 투자 붐과 리쇼어링으로 인해 가격 상승이 나타나고 있으며, 제조업체들은 인플레이션 상승 가능성을 전망하고 있다.

결과적으로, 주식시장에서 기업 실적^{EPS}은 영세업체들의 실적보다는 주식시장에 상장된 대기업들의 투자 사이클을 따라가는 경향이 강하다. 실제로 2023년 3월 이후 EPS는 반등세를 이어가고 있으며, 현재로서는 투자 사이클이 둔화될 조짐이 거의 보이지 않는다.

특히 빅테크 기업들은 AI 투자에 공격적으로 나서고 있으며, 미국 중심의 공급망 재편도 가속화되고 있다. 또한 전력 및 인프라 부족 이슈로 인해 투자 영역이 산업재, 유틸리티, 에너지(신재생 포함) 등 다양한 부문으로 확대되고 있다.

이러한 흐름 속에서 하위 경제층에서 나타나는 경기둔화 신호는 역설적으로 증시 랠리의 기회로 작용할 가능성이 있다. 2022년 이후 증시의 주요 랠리들은 경기침체 우려가 부각될 때 발생했으며, 실물경제의 둔화로 인해 국채 금리가 하락하면서 랠리가 더욱 촉진된 사례가 있다.

안타깝게도, 영세업체들의 실적 부진은 증시 랠리의 동력으로 작용할 가능성이 높다. 경기둔화는 고용과 물가를 일시적으로 낮추는 효과를 가져오며, 이는 증시의 완만한 우상향 시나리오를 유지하는 데 중요한 요소가 될 것이다.

미국의 연간 성장률에 주목하라

투자는 상상력의 영역이다. 투자자들은 흔히 자신만의 스토리를 그리며 이를 바탕으로 투자 결정을 내린다. 이 과정에서 데이터는 종종 스토리보다 후행적인 역할을 한다. 데이터에 기반한 투자는 결국 뒤늦게 반영된 정보를 활용하기 때문에 후행적인 성과로 이어질 가능성이 높다.

2022년 후반기에서 2023년에 이르는 동안 많은 전문가가 미국 경제의 침체를 예측했다. 이 예측이 틀렸다고 할 수도 있지만, 실제로 미국은 이미 2022년에 침체를 경험한 바 있다고 생각한다. 따라서 당시의 침체 예측은 어느 정도 정확했다고 볼 수 있다.

이후 미국의 경제 성장률에 대한 전망치는 시간이 흐르면서 계속 상향 조정되었다. 이는 점차 나타나는 긍정적인 경제 지표를 반영하는 것이다.

과거 데이터에 따르면 미국의 잠재성장률은 약 1.9~2.1% 수준으로 평가된다. 그러나 현재 미국은 리쇼어링, 인프라 투자, AI 투자 등을 통해 잠재성장률을 최소 2.5% 이상으로 끌어올리고 있다. 이 새로운 잠재 성장률에 근접하거나 이를 초과할 가능성도 있다고 생각한다.

미 연준의 제롬 파월 의장이 강조하는 '인플레이션 목표 2%'는 사실상 미국 정부가 채권 투자자들을 안심시키기 위한 메시지로, 정부의 실질적인 목표인 잠재성장률 상승과는 상충할 수 있다. 그러나 미국 정부도 잠재성장률이 상승하고 있다는 사실을 당장 공개할 필요는 없다. 이는 높은 금리로 채권을 발행하는 상황을 피하고 다른 국가들과의 긴장을 완화하기 위한 전략일 수 있기 때문이다.

앞으로 미국 경제는 연간 2% 성장률을 기록하면 불황으로, 3%에 도달하면 호황으로 간주될 가능성이 크다고 판단된다. 실제로 예상보다 더욱 화려한 성장이 펼쳐질 가능성도 엿보인다.

누군가는 이러한 전망에 대해 '소설을 쓰지 말라'고 충고할지 모르지만, 우리는 경제학자가 아니라 투자자다. 투자는 예술과 과학의 경계에 있는 활동으로, 상상력 없이는 그저 과거의 반복에 그칠 수밖에 없다. 새로운 기회를 발견하고 포착하려면 상상력이 필수다.

투자는 정답이 없는 세계다. 미래의 불확실성을 인식하고 이를 상상의 힘으로 헤쳐 나갈 전략을 세우는 것이야말로 성공적인 투자의 핵심이다.

22장

유동성 관점에서의
주식시장 전망

유동성과 자산시장의 관계

나는 2023년에 이어 2024년 미국 주식시장에 대해서도 다소 울퉁불퉁한 흐름을 예상했지만, 장기적으로는 상승세를 이어갈 것이라고 전망했다. 이러한 판단의 근거는 유동성 흐름이 자산시장의 핵심적인 동력으로 작용할 것이라는 분석에 있었다.

당시 자산시장을 전망할 때, 기준금리 예측보다도 유동성 변화가 더 중요한 변수라고 보았다. 연준이 긴축을 하더라도 재무부가 완화적인 조치를 취한다면 자산 시장은 우상향할 가능성이 충분하다고 보았기 때문이다.

실제로 2023년부터 연준이 금리를 인상했음에도 재무부의 완화적 조치로 인해 자산 시장에 우호적인 환경이 조성되었다. 금리 정책이 자산 시장과 경제를 결정짓는 유일한 요인이 아닌 것이다.

미국 경제가 과열 양상을 보일 경우, 재무부는 금리 인하 여부와 관계없이 긴축 정책을 사용할 가능성이 크다. 이는 2023년의 상황과 반대되는 접근으로, 필요시 재무부는 유동성 긴축을 통해 경제를 조정할 수 있다는 것이다.

2025년 재무부의 자금 조달 방식은 두 가지로 요약된다. 첫째, 역레포 잔고가 소진될 경우 단기 국채 발행을 줄이고, 둘째, 연준의 금리 인하 사이클에 맞추어 중장기 국채 발행을 조정하는 방식이다. 2024년 상반기 동안 연준과 재무부는 협력을 통해 유동성을 효과적으로 관리했다. 이들의 계획이 앞으로도 차질 없이 진행될 수 있을지가 중요한 변수로 작용할 것이다.

일반적으로 장단기 금리 역전은 경기침체를 예고하는 신호로 해석된다. 장단기 금리 역전이 금융 시장에 부정적 영향을 미칠 경우, 중앙은행은 급격한 금리 인하로 대응해 시장을 안정시키려 한다. 이는 장단기 금리를 정상화시키는 효과가 있었다.

여기서 중요한 점은 과거 사례를 보면 대부분 금리 인하는 이미 경기침체가 시작된 이후에 이루어진다는 것이다. 따라서 2024년 9월부터 시작된 미국의 금리 인하가 진정한 경기침체의 신호인지, 아니면 과도한 긴축을 조정하기 위한 조치인지 신속히 판단하는 것이 핵심이다. 이를 정확히 파악하는 것은 시장의 방향성을 이해하는 데 있어 결정적인 역할을 할 것이다.

2025년 상반기에 주목할 두 가지

2025년 상반기 전망에서 주목해야 할 두 가지 요소는 물가 둔화 속도와 역레포 잔고의 소진이다. 물가 상승률이 둔화된다면 현재의 실질금리 수준은 과도한 긴축으로 볼 수 있다. 이는 연준이 금리 인하를 지속할 수 있는 이유가 될 수 있다. 역레포 잔고가 빠르게 줄어들어 대부분 소진될 경우, 이것 역시 기준금리 정책에 영향을 미칠 수 있다.

이러한 상황에서 연준이 기준금리 인하를 지속하게 되면, 이는 장단기 스프레드 정상화에 기여할 수 있다. 따라서 물가와 금융시장 유동성, 특히 역레포 시장의 동향을 주시하는 것이 중요하다.

연준의 유동성 정책과 그에 따른 주식시장의 전망은 현재 투자자들 사이에서 중요한 논의 주제다. 2023년과 2024년을 지나면서 연준의 긴축정책은 은행 준비금 감소와 맞물려 역레포 잔고의 상당한 소진을 가져왔다. 이제 역레포 소진이 거의 끝나가면서 단기 금융시장의 유동성 관리가 어떻게 변화할지에 대한 관심이 커지고 있다.

연준의 대차대조표에서 주요 자산은 국채와 MBS 등을 포함하는 SOMA 계정과 유동성 지원 창구를 통한 대출이다. 부채 측면에서는 은행의 지급준비금, 역레포 계좌 그리고 재무부 일반 계정(이하 'TGA')이 핵심 요소로 자리 잡고 있다.

역레포 잔고는 본래 은행의 지급준비금이 해야 할 유동성 조절 역할을 대신한다. 역레포 잔고가 줄어들면 시중에 유동성이 공급되는 효과가 나타나고, 반대로 증가하면 유동성을 흡수하는 작용을 하게 된다.

동시에 재무부의 TGA 잔고도 유동성 흐름에 중요한 영향을 미친다. 재정 수입이 증가하면 TGA 잔고가 늘어나 유동성을 흡수하고, 재정 지출이 증가하면 시장에 유동성이 공급된다.

결국 역레포와 TGA 잔고의 합산액이 감소하면 유동성 공급을 의미하고, 증가하면 시장에서 유동성을 흡수하는 상황으로 볼 수 있다. 2022년 이후 재무부의 유동성 조절이 경제와 증시에 큰 영향을 미쳐 왔음을 여기서 알 수 있다.

지금까지 역레포 잔고는 높은 수준을 유지해 유동성 버퍼 역할을 해왔다. 그러나 2024년 3분기 들어 역레포 잔고는 점차 감소해 2,000~3,000억 달러 수준에 도달했다. 연준의 양적긴축과 재무부의 국채 발행 계획에 따라 역레포 소진이 거의 완료 단계에 접어든 셈이다.

연준의 유동성 흐름을 이해하기 위해서는 여러 경제 지표와 정책 도구가 어떻게 상호작용하며 시장에 영향을 미치는지를 면밀히 살펴볼 필요가 있다. 특히 역레포와 TGA 잔고는 S&P500 지수와 같은 주식시장과 연관되는 경향이 있다.

연준의 양적긴축 정책으로 인해 은행 지준금이 지속적으로 감소하고 있다. 일부에서는 양적긴축이 조기 종료될 가능성을 제기하고 있으나, 일부 투자은행[IB]은 이러한 전망을 부정하고 있다. 다만 나는 양적긴축이 종료되지 않을 경우, 단기 자금시장의 유동성 부족이 금리 상승 압력을 높일 수 있다고 생각한다.

자산 축소와 유동성 관리의 균형점

미 연준은 2022년 6월부터 양적긴축을 시작해 보유 자산을 단계적으로 축소하며 통화 정책 정상화를 추진해오고 있다. 2022년 6월 당시 약 8.96조 달러였던 연준의 대차대조표(B/S)는 최근 7.08조 달러 수준으로 감소하면서, 유동성 환경과 금융시장에서의 자산 가격 안정성에도 변화가 나타나고 있다. 이는 코로나19 이후 급격히 증가한 유동성을 줄이려는 연준의 계획에 따른 것으로, 통화 정책을 정상화하는 데 필요한 중요한 조치로 평가된다.

연준의 자산 축소 속도와 주요 조정을 보면, 자산 축소 과정에서 양적긴축이 어떻게 이루어졌는지 확인할 수 있다. 연준은 2022년 6월부터 자산 축소를 시작했다. 초기에는 월 475억 달러(국채 300억 달러, 모기지담보부증권MBS 175억 달러) 규모로 진행했다.

이후 2022년 9월부터 2024년 5월까지 월 950억 달러(국채 600억 달러, MBS 350억 달러)로 축소 속도를 가속화했다. 그러다 2024년 6월부터 다시 월 600억 달러(국채 250억 달러, MBS 350억 달러)로 축소 폭을 줄였다. 이에 따라 국채 보유는 약 1.41조 달러, MBS 보유는 약 0.43조 달러 줄어들었으며, 이 기간에 자산 축소 속도는 경제 상황과 유동성 수요에 맞춰 조정되었다.

그러나 양적긴축이 실제 유동성에 미치는 영향은 다소 제한적이었다. 지급준비금은 약 0.13조 달러, 역레포는 약 1.56조 달러 감소하면서 전체적인 유동성 환경에 변화가 있었으나, 대부분의 유동성 조

미국 B/S 부채 추이

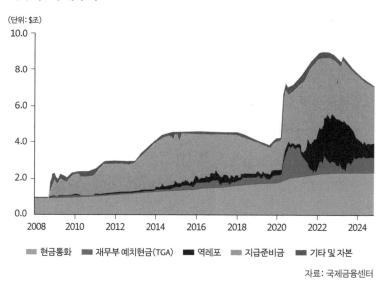

(단위: $조)

■ 현금통화	■ 재무부 예치현금(TGA)	■ 역레포	■ 지급준비금	■ 기타 및 자본

자료: 국제금융센터

정이 역레포 계정을 통해 이루어졌기 때문이었다.

연준이 양적긴축을 통해 대차대조표에서 자산을 줄이더라도, 역레포에서 초과 유동성을 흡수함으로써 시장에 즉각적인 유동성 감소 충격을 미루는 효과를 가져왔다. 결과적으로, 최근 2년간의 QT가 본격적인 유동성 긴축으로 이어지지 않았다고 볼 수 있다.

2024년 9월 FOMC 기자회견에서 연준 의장은 금리 인하와 양적긴축을 통화 정책 정상화의 일부로 함께 진행할 것을 시사했다. 이는 단순히 금리를 올리는 것뿐만 아니라, 유동성 관리와 금융시장 안정을 동시에 고려한 연준의 전략적 접근을 보여준다.

역레포 계정을 통한 유동성 조정은 연준이 양적긴축을 실시하면서도 금융 시스템의 유동성을 갑작스럽게 축소하지 않는 주요 메커

양적긴축 전후, 부채 항목 잔액 변화

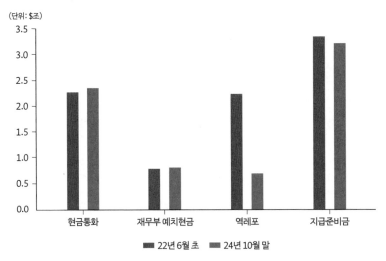

(단위: $조)

| | 현금통화 | 재무부 예치현금 | 역레포 | 지급준비금 |

■ 22년 6월 초 ■ 24년 10월 말

자료: 국제금융센터

니즘이 되었다.

이를 통해 금융시장 내 자산 가격 안정성이 유지될 수 있었다. 양적긴축 기간에 연준의 대차대조표에서 자산 축소는 이루어졌다. 그러나 역레포 계정을 통한 완충작용으로 인해 시장이 느끼는 유동성 압박은 제한적이었던 것이다.

이러한 방식은 자산 축소가 단기 자금시장이나 신용시장에 큰 충격을 주지 않으면서, 금리 인상을 통한 통화 긴축 효과를 유지하려는 연준의 의도를 반영한다. 실제로 양적긴축이 시작된 이후에도 대규모의 유동성이 역레포 계정으로 유입되면서 실질적인 자금 흐름은 크게 변화하지 않았다. 이는 통화 정책의 전달 효과가 일정 부분 조정되는 결과를 낳았다.

최근 2년간 연준의 양적긴축이 대부분 역레포에서 소화된 점을 감안할 때, 실질적인 유동성 축소는 발생하지 않았다고 볼 수 있다. 이는 금융 시스템에 공급된 유동성 대부분이 역레포로 흡수된 결과로, 자산시장의 전반적인 유동성 긴축 효과는 제한적이었다. 또한 자산 축소가 진행되는 동안 연준의 자산 축소와 금리 정책이 시장에 미치는 영향을 완화하여 금융 시스템 내 유동성의 급격한 감소를 방지했다.

결론적으로, 연준의 양적긴축은 자산 축소 정책의 일환으로 시행되었지만, 실질적인 유동성 환경은 크게 변화하지 않았다. 향후 양적긴축은 종료 시점이나 금리 인하와 같은 통화 정책 변화가 예상되는 상황에서 금융시장 안정성 유지에 중요한 참고점이 될 수 있다.

양적긴축은 언제 끝날까?

양적긴축의 종료 시점에 대해 시장의 예측은 다양하다. 바클레이스 Barclays와 JP모건은 리스크 관리를 위해 2024년 말에 양적긴축이 종료될 가능성이 크다고 본다. 시티Citi는 자금시장 안정화를 위해 2025년 상반기까지 양적긴축이 지속될 것이라고 전망한다. 결국 연준의 양적긴축 종료 시점은 유동적으로 조정할 가능성이 크다고 볼 수 있다.

연준의 양적긴축은 코로나19로 인해 급격히 팽창했던 유동성을 줄여 인플레이션 억제 및 금융시장 안정성을 확보하기 위한 중요한 정책이다. 그러나 연준은 양적긴축 과정에서 유동성 긴축이 시장에 과도한 충격을 주지 않도록 신중하게 조정하고 있다. 자산 축소가 주로 역레포를 통해 이루어졌기 때문에 실질 유동성에 미치는 영향은 제한적이었다. 양적긴축 종료 시점에 대한 시장의 다양한 예측과 연준의 유연한 대응이 맞물려, 연준의 통화 정책 정상화가 어떻게 전개될지 주목된다.

연준은 과거 2019년 7월부터 2020년 4월까지의 금리 인하 사이클 동안 금리 인하와 양적긴축을 병행하며 통화 정책 정상화를 추진한 바 있다. 예를 들어, 금리 인하 이후에도 약 2개월 동안 양적긴축이 지속되었으며, 약 5개월의 테이퍼링 기간을 거쳐 양적긴축이 최종적으로 종료되었다.

이를 통해 연준은 금융 시장의 안정성을 유지하며 점진적으로 통화 정책 정상화를 도모해왔다. 따라서 향후 양적긴축 종료 과정에서도 연준은 시장에 미칠 영향을 신중히 고려해 점진적인 조정을 통해 통화 정책 정상화를 추진할 가능성이 크다.

유동성의 새로운 중심축으로
부상한 MMF(머니마켓펀드)

연준이 역레포 소진을 거의 완료하는 상황에서, MMF가 주식시장 유동성의 중요한 중심축으로 부상할 가능성이 높다. MMF 잔고는 이미 6.5조 달러를 넘어서는 수준으로 계속 증가하고 있다. 이는 금리 인하 주기에도 영향을 미칠 수 있는 유동성의 새로운 원천으로 주목받고 있다. 역레포 잔고가 유동성 관리의 중심 역할을 해왔던 상황과는 달리, 앞으로 MMF가 유동성 흐름에 중요한 역할을 하리라는 시각이 점차 강화되고 있다.

과거 데이터에 따르면, MMF 잔고가 최고점에 도달하는 시점은 대체로 주식시장이 바닥을 치는 시기와 일치해왔다. MMF 잔고가 축적되는 동안 금리가 인하되면, 단기 채권에 투자된 자금이 주식시장이나 장기 채권으로 이동하는 과정이 촉발될 수 있다. 이는 주식시장에 새로운 자금 유입을 가능하게 하며, 궁극적으로 시장의 유동성을 더 촉진할 수 있다.

MMF 자금이 주식시장으로 이동하는 시점은 시장의 버블을 우려하는 목소리와도 연결될 수 있다. 주식시장이 과열 국면에 접어들었다는 평가가 나오더라도, 유동성 대비 주식시장 밸류에이션이 상대적으로 높지 않다면 주가 상승이 여전히 가능할 수 있다. 따라서 유동성 이동이 촉진되는 시점에서 MMF 잔고가 주식시장으로 본격적으로 흘러 들어가는 시점을 주의 깊게 지켜볼 필요가 있다.

기준금리가 적정 수준 이하로 인하될 경우, MMF 잔고는 점진적으로 감소하고, 이 자금은 장기 채권 및 주식시장으로 유입되는 경향을 보인다. 이는 투자자들이 더 높은 수익을 추구하며 위험자산으로 이동하는 흐름을 반영한다. 이는 결국 주식시장의 상승을 견인할 가능성이 크다. 이러한 전환이 연준의 정책과 맞물려 유동성 확보를 통해 시장의 변동성을 줄이고 상승세를 유지할 수 있는 중요한 전략적 요소로 작용할 수 있다.

2025년에는 역레포를 통해 축적된 잉여 유동성이 대부분 소진된 상황에서, 재무부의 국채 발행이 이전보다 더 큰 도전 과제가 될 것으로 보인다.

나는 역레포 소진 이후 MMF가 새로운 유동성 공급원으로서 더욱 중요한 역할을 하게 될 것이라고 판단한다. 이는 자산시장의 장기적인 유동성 흐름을 뒷받침하는 동시에, 주식시장의 지속적인 상승 가능성을 높이는 중요한 기반이 될 것으로 전망된다.

MMF 잔고와 자산시장의 관계

대부분의 투자자는 유동성을 판단할 때 연준의 지급준비금, 역레포 그리고 재무부의 TGA 잔고에만 주목한다. 하지만 실제로 자산 가격 상승에 더 중요한 지표는 MMF에 쌓여 있는 자금의 규모다. MMF 자산은 금리가 높은 시기에 단기 자금을 운용하는 안전한 선택지로 여겨진다.

하지만 금리가 하락하기 시작하면 이러한 자산의 매력은 감소할 수 있다. 다시 말해, 이 자금은 언제든지 주식이나 채권과 같은 자산 시장으로 이동할 가능성이 있다.

따라서 MMF 잔고의 증감과 주식 시장의 흐름은 경제 상황을 분석하는 중요한 변수다. MMF의 잔고가 증가하는데도 주식시장이 상승할 수 있었던 이유와 향후 MMF 잔고가 감소할 가능성에 대해 살펴보자.

통상적으로 연준의 금리 인상은 MMF의 매력을 높여, 자산이 MMF로 이동하면서 주식과 신용시장에 하방 압력을 가하는 경향이 있다. 금리가 오르면 투자자들이 안정적인 MMF로 이동해 더 높은 수익을 기대할 수 있기 때문이다. 그런데 예상과 달리 2023년부터 MMF 잔고가 빠르게 증가했음에도 주식시장은 상승세를 보였다. 이는 몇 가지 주요 요인에 기인한다.

첫 번째 요인은 외국인 투자자들의 자금 유입이다. 미국 경제는 여타 국가들, 특히 유럽, 일본, 중국 및 신흥시장 대비 성장성과 안정성 측면에서 상대적으로 높은 평가를 받고 있다. 이는 미국의 주식과 신용 자산에 대한 긍정적 전망을 강화하여 외국인 투자자들이 미국 자산을 적극적으로 매수하게 만들었으며, 그 결과 외환 수요가 늘어나면서 달러화 가치 또한 상승 압력을 받았다.

두 번째 요인은 AI 관련 테마가 시장 전반에 미친 영향이다. AI 산업에 대한 기대감과 발전 가능성은 금리가 높은 상황에서도 미국 주식과 신용시장을 지지하는 강력한 요소가 되었다. AI 산업에 대한 신뢰와 미래 성장 기대감은 단기 수익률보다도 더 큰 가치로 작용했다. 그래서 투자자들이 MMF의 높은 이자율에도 불구하고 주식 시장에 대한 투자를 유지하게 만들었다.

2024년 2분기 기준, 미국의 MMF에는 6.5조 달러 이상의 자금이 예치되어 있다. 이 자금은 MMF에 머물러 있지만, 상황에 따라 언제든 자산시장으로 이동할 수 있는 유동성을 갖추고 있다.

MMF 잔고가 감소할 시점과 그 영향

MMF 잔고의 감소 시점을 예측하는 데 있어 중요한 지표는 역사적 패턴이다. 과거 데이터를 보면, MMF 잔고는 통상 최고점에 도달한 후, 10년 만기 국채금리가 일시적으로 반등한 뒤 추가로 하락하는 경향을 보였다.

과거 사이클에서 MMF 잔고는 경제 둔화로 인한 설비 가동률 저하와 같은 경기침체 징후에 따라 증가하는 경향을 보여왔다. 또한 실업률이 상승할 때 MMF 잔고가 감소하는 패턴도 자주 관찰되었는데, 이는 연준의 완화 정책이 MMF 자금의 유출을 촉발한다는 신호로 해석할 수 있다.

연준의 완화 정책이 2024년 9월부터 시작되었다. 그런데 이번 경제 사이클에서는 설비 가동률이 안정적일 뿐만 아니라, 원자재와 제조업 분야에서 자본지출이 증가할 것으로 예상되어 과거와는 다른 양상을 보이고 있다.

이번 금리 인하의 배경은 과거와 다르다. 그러나 연준의 완화 정책이 과거에 MMF 자금의 유출을 촉발했던 점을 고려하면, 어느 순간 MMF 자금이 주식이나 채권 등 자산시장으로 이동하는 '머니 무브money move'가 발생할 가능성이 크다고 생각한다.

과거만큼 빠르진 않겠지만, 이번 인하는 종착점이 아닌 시작점이 될 가능성이 있다. 따라서 금리 인하 사이클 동안 주식 및 신용시장으로 자금이 유입될 것을 예상할 수 있다.

향후 전망과 MMF 잔고의 변동성

MMF 잔고가 감소한다면, 이는 미국 경제와 주식시장의 전반적 분위기에 중요한 영향을 줄 것이다. MMF 자금이 시중에 유입되면서 자산시장에 활력을 불어넣고, 연준의 통화 정책이 완화 기조를 보이기 시작하면, 자산시장의 투자와 소비 심리가 더욱 개선될 수 있다.

한 가지 흥미로운 사례가 있다. 연방기금 금리가 제로에 가까웠던 시기에는 '트레저리다이렉트TreasuryDirect' 계좌를 보유한 미국 가정이 약 70만 가구에 불과했다. 이는 금리가 낮았던 시기에 국채에 대한 관심이 상대적으로 적었음을 보여준다.

트레저리다이렉트 계좌는 미국 재무부가 제공하는 온라인 플랫폼으로, 개인이나 법인이 직접 미국 국채를 사고 팔 수 있는 기능을 갖추고 있다. 이 계좌를 통해 투자자들은 중개인이나 은행을 통하지 않고도 미국 정부로부터 국채를 직접 매입할 수 있다. 또 별도의 수수료 없이 국채를 보유할 수 있다. 국채 이자에는 연방소득세가 적용되지만, 주나 지방세는 면제되는 혜택이 있으며, 자동 입찰 기능을 통해 원하는 국채를 정기적으로 구매할 수 있는 편리함도 있다.

이후 연준이 금리 인상을 시작하자 트레저리다이렉트 계좌를 보유한 가구 수는 급격히 증가해, 약 400만 가구에 이르게 되었다. 금리가 상승하면서 국채의 이자율도 함께 높아지자 더 많은 가정이 안정적인 투자 수단으로 국채를 고려하게 된 것이다.

그러나 연준이 금리 인하를 시작하기 전부터 국채 계좌 보유 가구

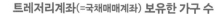

트레저리계좌(=국채매매계좌) 보유한 가구 수

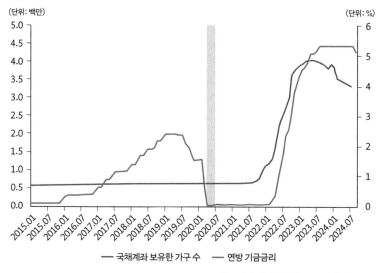

(단위: 백만)

(단위: %)

—— 국채계좌 보유한 가구 수 　—— 연방 기금금리

자료: 미국 재무부U.S. Department of the Treasury

수가 다시 감소하기 시작했다. 투자자들이 금리 변동에 맞춰 투자 전략을 조정하고, 더 높은 수익을 기대할 수 있는 다른 자산으로 자금을 이동하기 시작한 것이다. 현재 고금리의 매력은 여전히 존재하지만, 향후 금리가 낮아지면 이러한 자산 이동이 더 크게 나타날 가능성도 있다.

　2024년 2분기 기준, MMF에는 약 6조 5천억 달러 이상이 쌓여 있다. MMF는 금리가 높을 때는 단기 자금을 운용하는 안전한 자산으로 인기를 끌지만, 금리가 인하되면 그 매력이 약화될 수 있다. 이에 따라 연준이 금리 인하를 지속할 때, 가계가 보유한 국채와 MMF 자산이 어떻게 움직일지가 주요 관심사가 된다. 금리 인하로 인해 국채와 MMF의 수익률이 낮아지면, 가계는 더 높은 수익을 추구하기 위해 이러한 자금을 다른 자산으로 이동시킬 가능성이 커진다.

가장 유력한 시나리오는 가계가 국채와 MMF 자산에서 자금을 인출해 '신용채권(회사채)'이나 주식과 같은 위험 자산에 투자하는 현상이다. 이는 금리가 낮아짐에 따라 가계가 더 높은 수익을 위해 위험을 감수할 의향이 커짐을 보여준다.

만약 금리 인하 이후에 경제가 경착륙하지 않고 안정적인 성장세를 이어간다면, 투자자들과 기업들은 점차 자신감을 회복할 가능성이 크다. 예를 들어, 2024년 10월에 IT 설비 투자가 3개월 연속 증가하는 모습을 보였는데, 이는 긍정적인 신호로 해석될 수 있다. 향후 경제 회복에 대한 기대감을 높이며, 주식시장에도 긍정적인 영향을 미칠 수 있다.

따라서 금리와 유동성의 변화에 따라 주식시장으로의 자금 유입이 이루어질 가능성이 있다. 이는 경제 안정성 여부에 따라 주식시장의 방향을 결정짓는 중요한 요인이 될 것이다.

MMF 자금과 주식시장: 단순 연결은 위험하다

MMF 자금이 주식시장으로 유입된다고 해서, 이를 곧바로 주식시장의 상승 신호로 보는 것은 다소 단순한 접근이다. 지금까지 MMF가 증시 상승의 원동력이 될 수 있다고 설명해왔는데, 이런 주장을 뒤집는 것처럼 보일 수 있다.

핵심은 MMF 자금의 순환이다. MMF 자금은 단순히 한 곳에서 다른 곳으로 이동하며 시스템 내에서 순환하는 특성을 가지고 있다. 이로 인해 MMF 잔고의 총량이 변하지 않더라도, 자금의 이동은 시장 심리와 유동성 공급에 영향을 미쳐 자산 가격에 변화를 일으킬 수 있다.

MMF의 장기적 증가 트렌드는 경제 성장과 밀접하게 연관된다. 경제가 성장하면서 자산 축적이 이루어지고, 유동 자금을 관리하기 위한 단기 자금 보관처로 MMF의 중요성이 높아지기 때문이다. 그러나 단기적으로는 자산시장과의 상호작용에 따라 MMF 잔고가 크게 변동한다. 예를 들어, 주식시장 상승기에는 MMF에서 주식시장으로 자금이 유입되며 잔고가 감소하고, 반대로 경기 침체기에는 자산 매도 대금이 MMF로 유입되면서 잔고가 급증하는 경향이 있다.

2008년 금융위기와 2020년 팬데믹 초기 사례에서도 이를 확인할 수 있다. 당시 투자자들은 리스크를 회피하며 안전한 현금을 선호해 MMF 잔고가 급증했지만, 시장이 안정되자 자산시장으로 자금이 다시 유입되며 MMF 잔고는 감소했다. 이는 MMF 잔고의 단기적 변동이 경제 상황과 시장 심리 변화의 결과임을 잘 보여준다.

MMF 잔고의 감소와 주식시장 상승이 동시에 발생할 수 있는 이유는 자금의 순환 구조와 시장 심리의 상호작용에 있다. MMF 자금이 주식시장으로 유입되면, 매수자의 자금이 주식 매수 과정에서 자산시장으로 흘러간다. 하지만 매도자가 주식 매도를 통해 받은 자금을 반드시 다시 MMF로 예치하는 것은 아니다. 매도자는 그 자금을 다른 자산으로 재투자하거나, 저축성 예금이나 부채 상환 등 대기자

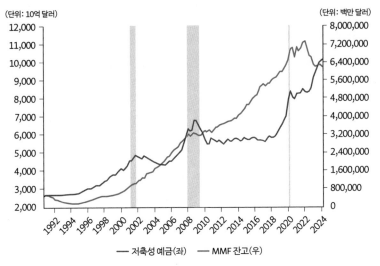

(단위: 10억 달러)   (단위: 백만 달러)

── 저축성 예금(좌)   ── MMF 잔고(우)

자료: FRED

금 시장을 벗어나는 방식으로 활용할 수도 있다.

정답은 없지만, 나는 주식과 같은 위험자산의 대기 자금을 MMF 와 보통예금처럼 유동성이 높은 자금으로 정의한다. 주식을 매도한 투자자 중 일부는 매도 자금을 다시 MMF나 보통예금에 예치하며, 이는 다시 주식시장으로 유입될 가능성을 열어둔다. IPO(기업공개)를 통해 조달된 자금은 이러한 대기 자금과는 다른 성격을 가진다. 기업 이 신주 발행으로 조달한 자금은 주로 기술 개발, 사업 확장 등 실물 경제적 목적으로 활용된다. 이러한 자금은 최종적으로 MMF나 보통 예금으로 돌아오기보다는 저축성 예금으로 보관되거나 다른 경제 활 동에 사용될 가능성이 높다.

12개월 누적 평균 미국 신주발행 금액

(단위: 10억 달러)

자료: 신한투자증권

따라서 MMF 잔고의 감소가 실제로 주식시장 버블을 유발하는지 판단하려면 IPO와 같은 신주 발행이 활발히 이루어지는 시점을 주목해야 한다. 신규 상장 기업으로 대규모 자금이 유입되면 이는 주식시장의 과열을 유발할 가능성이 높아지고, 시장의 유동성과 투자 심리에 강력한 영향을 미칠 수 있다.

2000년대 닷컴 버블, 2008년 주택시장 버블, 그리고 2020년대의 시장 과열은 대중적 투기가 절정에 달했을 때 거품이 꺼지는 공통적인 패턴을 보여준다. 투자자들이 투기적 심리로 자금을 대거 증시에 투입하면, 기업들은 이를 기회로 삼아 높은 주가를 바탕으로 IPO나 유상증자를 통해 자금을 조달하려 한다. 이러한 자금 조달 과정은 시장의 자금 순환을 더욱 가속화하며 과열을 심화시키는 역할을 한다.

최근 2년간 AI 관련 주식시장에서도 비슷한 논란이 있었다. 일부에서는 AI 관련 주식의 고평가를 지적했지만, 전형적인 투기 버블의 징후는 아직 뚜렷하지 않다. 이는 단순히 MMF 자금이 주식시장으로 이동하는 것만으로는 버블이 형성되지 않음을 보여준다. 진정한 버블은 대중적 투기 심리와 신주 발행의 결합에서 촉발될 가능성이 더 높다.

과거 데이터를 보면, 경기침체 이후 MMF 자금이 급격히 확대되고, 이후 연준의 부양책에 따라 자금 이동이 활발히 이루어졌던 사례가 많았다. 그러나 이러한 패턴이 앞으로도 동일하게 반복될 것이라는 보장은 없다. 자금시장의 움직임은 과거를 통해 분석하는 것이 중요하지만, 그것이 반드시 미래에 똑같은 결과를 가져오지는 않을 것이다.

특히 시장의 변동성은 과거보다 더욱 커질 가능성이 있다. 이는 연준과 정부의 의도적인 정책 변화가 영향을 미칠 수도 있고, 정책과는 무관하게 시장 내부의 구조적 변화가 원인이 될 수도 있다. 이러한 복잡성은 단순히 과거의 데이터를 기계적으로 적용하는 방식으로는 충분히 대응할 수 없는 환경을 만들어간다.

결국, 시장의 복잡성이 점점 커지는 상황에서 성공적인 투자 전략을 세우기 위해서는 유동성 흐름과 자산시장 간의 상호작용을 깊이 이해하고 면밀히 분석해야 한다. 과거의 사례를 참고하되, 변화하는 시장 환경에 유연하게 대응할 수 있는 통찰력이 점점 더 중요해질 것이다.

통화량과 유통속도의 비밀

자산시장 버블과 실물경제 인플레이션의 상관관계를 이해하기 위해서는 통화량, 화폐 유통 속도 그리고 통화승수의 변화를 면밀히 살펴봐야 한다.

미국은 물가를 안정시키기 위해 통화 공급량(M)을 신중히 조절하면서도, 경제에 필요한 유동성(L)을 지속적으로 공급해왔다. 2022년부터 미국의 M2 통화량이 감소하는 현상이 나타났는데, 다양한 의견이 있지만, 나는 금리 인상에 따른 MMF로의 자금 이동과 밀접한 관련이 있다고 생각한다.

연준의 금리 인상은 많은 투자자가 저수익 예금을 떠나 MMF와 같은 더 높은 수익을 제공하는 자산으로 자금을 재배치하게 만들었다. 이로 인해 MMF 자금 유입이 가속화되었다.

여기서 중요한 점은 기관 MMF가 M2에 포함되지 않는다는 것이다. 이로 인해 M2 통화량이 감소했지만, 실제로는 유동성이 MMF로 이동하면서 실물경제에 제공되는 자금이 제한적으로 보일 수 있다. 이는 자금이 사라진 것이 아니라, 투자자들이 경제 불확실성 속에서 고금리의 안전 자산을 선호하여 자금을 재배치한 결과로 볼 수 있다. 다만 자산시장의 유동성을 분석하는 입장에서는 이러한 현상을 '시중의 순 유동성이 감소했다'고 설명하기도 한다.

자산시장의 버블은 은행 대출이 늘어나면서도 그 자금이 주로 부동산이나 주식과 같은 자산시장으로 흘러갈 때 발생할 가능성이 크다. 이 경우 통화승수는 증가할 수 있지만, 실물 경제에서 소비나 생산 활동을 자극하지 못하므로 유통속도는 상대적으로 정체될 수 있다. 자산시장에서의 과잉 유동성으로 인해 자산 가격은 급격히 상승하지만, 실물경제와의 괴리가 발생하는 시나리오로 이어질 수 있다.

참고로, 통화승수는 본원통화(M0)가 얼마나 많은 M2로 확장되는지를 나타내며, 은행 대출과 밀접한 관련이 있다. 은행이 대출을 확장하면 본원통화가 추가적인 예금 창출로 확장되고, 이 과정에서 통화승수는 상승할 수 있다. 그러나 은행 대출이 제한적인 상황에서는 통화승수가 증가하지 않으므로 M2 증가 효과가 약화된다.

반면 화폐 유통 속도는 경제 내에서 통화가 얼마나 빠르게 순환하는지를 나타내는 지표다. 이는 M2가 경제 활동에서 얼마나 자주 사용되는지를 보여준다. 예를 들어, 은행 대출이 증가하지 않더라도 MMF와 같은 자산에서 발생한 이자 수입이 소비로 이어진다면, 그 자금이 경제를 활성화하며 유통 속도를 높일 수 있다. 이러한 현상이 바로 고금리에도 불구하고 소비가 유지되며 통화 유통 속도가 상승한 이유다.

반대로 경제적 불확실성이 큰 시기에는 기업과 가계가 대출 자금을 사용하기보다는 저축에 집중하거나 대출 상환에 힘쓰면서 유통 속도가 낮아지는 경향이 있다.

새로운 경제 패러다임:
제조업 부흥과 신용 창출의 선순환

미국의 GDP 성장은 광의통화(M2)와 화폐 유통 속도(V)의 상승을 통해 이루어진다. 통화량(M2)을 확대하거나 화폐 유통 속도(V)를 높이면 GDP가 상승한다는 점에서, 대출과 신용 창출이 GDP에 미치는 영향을 이해하기 위해 M2=M0×통화승수(k)라는 관계를 고려할 필요가 있다. 소비와 투자 활성화, 금융시장 활성화, 대출 확대 및 신용 창출이 미국 경제의 지속 성장을 위한 필수 조건인 이유가 여기에 있다.

2025년에는 미국의 제조업 부흥과 함께 통화승수(k)의 상승이 이루어질 가능성이 높다. 제조업 부흥이 본격화되면 건설 투자Factory Construction 및 인프라 투자가 필연적으로 수반된다. 이 과정은 단순한 경기 부양을 넘어 경제 구조 전환과 지속 가능한 성장 기반 마련을 목표로 하고 있다. 인프라 투자 항목은 생산시설, 물류·교통 인프라, 에너지 인프라, 디지털 인프라 등으로 구분할 수 있다.

정부는 인플레이션 감축법IRA, CHIPS법 등의 직접 재정 지출을 통해 공공 인프라 사업을 발주하거나, 민간 기업에 보조금을 지급하는 방식을 활용하고 있다. 예를 들어, 정부가 1조 달러를 인프라 건설 프로젝트에 투자하면, 건설업체는 대출을 통해 추가 자금을 조달하게 된다. 건설업체는 자재 구입, 인건비 지불, 기계 장비 구입 등을 위해 자금을 사용하며, 이 과정에서 은행 대출이 늘어나고 상업은행의 대출이 확대된다. 결과적으로, M2(광의통화)가 증가하고 통화승수(k)

가 상승하는 경향이 나타난다.

제조업체의 자본지출도 중요한 역할을 한다. 예를 들어 TSMC, 인텔, 테슬라와 같은 기업이 공장을 신설할 때, 기업들은 보유 현금, 대출, 회사채 발행 등을 통해 자금을 조달한다. 대출이 늘어나고 은행의 신용 창출 과정이 활성화되면, M2가 확대되면서 통화승수(k)가 상승하게 된다. 정부가 인프라 건설에 민간 기업의 참여를 독려하기 위해 공공 민간 파트너십^{PPP}을 활용할 경우에도 마찬가지다. 민간 기업이 은행 대출을 통해 공공 인프라 사업에 참여하면, 은행의 신용 창출이 활발해져 통화승수가 상승한다.

인프라 투자 과정에서는 소비자 지출의 직접적인 증가는 거의 발생하지 않기 때문에, 화폐 유통 속도가 크게 변하지 않을 가능성이 높다. 반면, 통화승수에 미치는 영향은 뚜렷하다. 공장 건설 및 인프라 확충 과정에서 기업들이 상업은행에서 대출을 받거나 회사채를 발행하면, 대출 증가로 M2가 확대되고 본원통화(M0) 대비 M2의 증가 속도가 더 빨라져 통화승수(k)가 상승하게 된다.

2023~2424년에는 주식시장의 활성화가 화폐 유통 속도(V) 상승을 이끄는 또 다른 요인으로 작용하였다. 주식시장이 활성화되면 거래 빈도와 매수·매도의 순환 속도가 빨라져 화폐 유통 속도가 상승하는 경향이 있다. 주식거래는 대출을 통한 거래보다는 투자자의 자금 순환을 통해 이루어지는 경우가 많다. 예를 들어, A가 주식을 매수하고 B가 매도하면, B는 매도 대금을 MMF에 예치하거나 새로운 자산을 매수할 가능성이 크다. 이 과정이 반복되면, MMF 잔고가 일시적으로 증가했다가 다시 줄어드는 자금 순환의 흐름이 발생하게

된다.

2025년에는 제조업과 실물시장이 새로운 활력을 얻을 전망이다. 강력한 거시경제적 순풍과 함께, 노후화된 인프라의 업데이트 필요성이 커지면서 민간 인프라에 대한 투자 매력도가 높아지고 있다. 세계 경제 포럼^{WEF}은 2040년까지 88조 달러의 인프라 자금 격차가 발생할 것으로 전망했다. 이 자금 격차는 교통, 에너지, 물류 인프라 등의 핵심 시스템을 기술 진보와 수요 증가에 맞춰 재편할 필요성이 커지고 있음을 시사한다.

미국의 초당적 인프라법$^{BIL, The Bipartisan Infrastructure Law}$은 총 1조 2천억 달러의 인프라 지출을 승인했다. 그중 5,500억 달러는 '새로운' 투자와 프로그램에 직접 사용되며, 교통 인프라, 에너지 인프라, 디지털 인프라의 현대화가 본격적으로 추진될 예정이다. 또한 생성형 AI$^{Generative AI}$와 같은 기술의 발전으로 데이터 센터 및 전력 인프라에 대한 수요가 급증하고 있다. 데이터 센터 인프라는 클라우드 컴퓨팅, AI 연산, 사물인터넷^{IoT}, 5G 통신의 핵심 인프라로 작용하고 있으며, 장기적인 성장 기회를 제공하고 있다.

지난 2년 동안 미국은 고금리라는 역설적 환경 속에서도 자산 시장의 활황을 이끌어냈다. 이는 고금리 환경 속에서도 자산 간 자금 순환의 가속화를 통해 화폐 유통 속도(V) 상승을 경험한 결과다. 앞으로는 인프라 재건과 제조업 부흥을 통한 신용 창출 과정이 통화승수(k) 상승으로 이어질 가능성이 크다. 이는 단순한 인프라 개선을 넘어 산업의 근본적 재편을 의미한다. 제조업 르네상스의 시작과 함께 생산시설과 인프라 구축 과정에서 대출 창출이 확대될 것으로 예상된다.

　그러나, 인프라 재건과 제조업 부흥 과정에서 가장 큰 걸림돌은 인플레이션의 재가속화 가능성이다. 최근 상승률 둔화를 보였던 인플레이션이 다시 재가속화될 가능성이 높아지고 있는 신호가 포착되고 있다. 연준이 정책을 너무 빨리 완화할 경우 인플레이션이 재차 상승할 가능성이 있으며, 이는 2022년과 같은 시장 충격을 다시 겪을 위험을 높일 수 있다.

　다만 2022년의 인플레이션과 2025년의 인플레이션이 발생하는 이유가 다르다면, 정책 대응 방식도 달라질 수 있다. 트럼프 2.0 시대의 정책 대응은 2022년과는 전혀 다른 방식으로 전개될 가능성이 높다.

23장

AI 산업의 가치는
얼마일까?

산업 가치는 어떻게 측정하는가?

산업 가치는 주로 수익, 성장성, 리스크를 토대로 평가되며, 이를 배당과 할인율, 성장성 그리고 리스크로 표현할 수 있다.

> 산업 가치 = (배당 ÷ 할인율) × (성장성 ÷ 리스크)

이 공식은 산업이 현재 창출하고 있는 이익(배당), 미래 성장 가능성, 그리고 해당 산업의 안정성을 평가하는 데 사용된다.

정부가 특정 산업을 전략적으로 육성하기로 결정했을 때, 그 산업의 '리스크'는 정부의 재정적 및 정책적 지원을 통해 감소한다.

예를 들어, AI 산업이 국가 전략 산업으로 지정되어 정부의 강력한 지원을 받게 되면, 이 산업에 속한 기업들은 위험 요소가 줄어들어 더욱 안정적인 환경에서 운영될 수 있다. 이는 산업의 성장 가능성을 높이고, 다시 실질적인 배당으로 이어지는 기회를 증가시킨다.

결국 이는 산업의 경제적 가치를 전반적으로 강화하는 결과를 가져온다. 이러한 메커니즘은 산업의 장기적인 경제적 성공을 보장하는 중요한 요소로 작용하며, 전략적 산업 지정은 국가 경제에 중대한 영향을 미칠 수 있다.

미국의 AI 산업 육성 정책은 단순한 경제적 성장 촉진을 넘어선 전략적 목표를 지닌다. AI 기술은 산업적 경쟁력뿐만 아니라 국가 안보와 군사적 자산, 대규모 데이터 활용 등 다방면에서 국가적 중요성을 지니기 때문이다. AI가 가진 특수성은 경제적 수익 창출에 그치지 않고, 국가적 패권의 유지와 직결되는 요소로 작용한다.

'할인율'은 정부가 특정 산업을 국가적으로 중요한 산업으로 지정할 때 나타나는 경제적 요소다. 흔히 할인율은 산업의 발전에 부정적인 영향을 미치는 요인으로 여겨지지만, 인플레이션과 고금리 정책의 관계를 고려하면, 상황은 달라진다. 고금리 환경에서는 가격 결정력이 강한 대기업들이 더 큰 이익을 얻을 기회가 생긴다. 이는 인플레이션 상황에서 제품의 가격을 소비자에게 전가할 수 있는 능력이 있는 기업들이 시장에서 독점적 지위를 강화할 수 있음을 의미한다. 결과적으로, 시장 권력은 대기업 중심으로 재편되는 경향이 나타난다.

고금리 환경이 기업 실적에 미치는 영향은 시장 규모와 기업의 재정 건전성에 따라 크게 차별화된다. 이는 다양한 시장 지수에 속한 기업들의 실적 분포에서 명확하게 드러난다. 예를 들어, 2024년

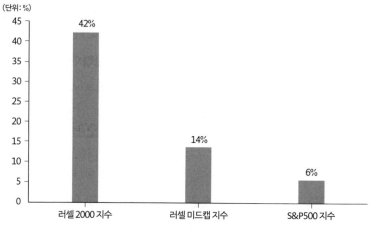

미국 지수별 마이너스 실적을 기록한 기업 비율

(단위: %)

러셀 2000 지수 · 러셀 미드캡 지수 · S&P500 지수

자료: 블룸버그

10월 기준 러셀2000 지수에 포함된 기업 중 약 42%가 손실을 보고하고 있는 반면, 미드캡 지수와 S&P500 지수의 기업들은 각각 14%와 6%만이 마이너스 실적을 기록하고 있다.

이 차이는 투자자에게 중요한 통찰을 제공한다. 러셀2000 지수는 주로 소형 기업으로 구성되어 있으며, 이러한 기업들은 상대적으로 높은 금리의 영향을 더 크게 받는다. 소형 기업들은 대체로 자본 적정성이 낮고, 이자 부담이 높으며, 경제적 변동에 더 민감하게 반응하는 경향이 있다. 따라서, 금리가 상승하면 이러한 기업들의 재정적 부담이 증가하여 손실 가능성이 커진다.

반면 S&P500 지수에 포함된 대형 기업들은 더 낮은 비율의 손실을 보고하고 있다. 이는 이들 기업이 일반적으로 더 안정적인 수익 구조를 갖추고, 더 나은 자본 조달 능력을 가지며, 경제적 충격에 대해 더 탄력적으로 대응할 수 있기 때문이다. 또한 이들 기업은 다양한 시장에서 사업을 운영하여 리스크를 분산시키고, 비용 구조를 최적화하는 능력이 뛰어나다.

이러한 분석은 고금리가 기업 실적에 미치는 영향을 이해하는 데 중요한 역할을 하며, 투자자들이 자신의 포트폴리오를 조정하고 위험을 관리하는 데 도움을 줄 수 있다. 특히 경제적 변동이 클 때는 시장의 다양한 부문에서 기업들의 실적을 면밀히 관찰함으로써 투자 결정에 있어 더욱 정보에 기반한 접근을 할 수 있다.

이런 맥락에서, 인플레이션과 고금리를 용인하는 정책은 미국 내 대형 기업들의 독점적 성장을 촉진하고 국내 산업의 경쟁력을 강화하는 전략적 도구로 활용된다. 이 정책은 경쟁국의 산업이 시장에 진입하는 것을 방해하는 장벽이 된다. 미국은 이를 통해 국제 시장에서의 지배적 위치를 더욱 공고히 할 수 있다. 이러한 경제 전략은 국가의 장기적인 경제 계획과 국제 경쟁력 강화에 중요한 역할을 한다.

미국 정부가 자국의 경쟁력을 보호하고 특정 산업의 패권을 유지하기 위해 고금리 정책을 사용할 가능성도 있다. 고금리는 외국 기업들이 자본을 조달하는 데 있어 비용을 증가시키며, 투자 환경을 더욱 까다롭게 만들어 경쟁국들이 해당 산업에 진입하기 어렵게 만든다.

이러한 고금리와 인플레이션 상황은 자국의 대기업들에게는 이점을 제공하면서, 국제 경쟁을 억제하는 역할을 한다. 미국이 이러한 정책을 통해 고금리와 자본 집중을 활용하는 것은, 과거 핵 산업을 중심으로 패권을 유지했던 전략과 맥락을 같이한다.

AI 산업과 미래 패권 전략

미국은 AI 산업을 선도하면서 글로벌 시장에서의 지배력을 강화하려는 전략을 펼친다. 이것은 단순히 경제적 수익 창출을 넘어 국가 패권 유지를 위한 것이다. AI 기술은 단순히 상업적 이익을 창출하는 데 그치지 않고, 국가 안보와 군사, 사회적 영향력 확대 등 다양한 방면에서 중요한 역할을 담당하게 된다.

이는 20세기 중반 미국이 핵 산업에서 선도적 위치를 확보하고, 이를 바탕으로 글로벌 질서를 구축한 전략과 유사하다. 핵무기를 개발하고 이를 통해 군사적 우위를 점했던 미국은 핵 비확산 협정을 주도하여 핵 기술의 보급을 제한하고, 패권을 유지하는 데 성공했다.

이와 같은 맥락에서 미국의 정책이 AI 산업을 독점적으로 발전시키고, 이를 통해 글로벌 패권을 유지하려 한다면, 고금리와 인플레이션을 용인하는 전략은 매우 효과적인 수단이 될 수 있다. 이는 자국 산업의 경쟁 우위를 강화하고 국제적으로 경제적, 기술적 패권을 유지하는 핵심적인 접근 방식으로 작용할 것이다.

나는 미국 정부의 '전략적 의지'를 매우 강하게 평가한다. 현재 미국이 지출하고 있는 많은 항목, 그리고 반도체 및 AI 관련 규제들은 대부분 '국방 수권법^{NDAA}'에 근거하고 있다. 미국이 이러한 사안을 단순 경제나 산업 문제로 보지 않고, 국가 안보와 직결된 군사적 문제로 인식하고 있다는 것이다. 따라서 이러한 움직임은 단순한 정책이 아니라 일종의 '비전통적 전쟁'이라고 볼 수 있다.

또한 미 연준이 양당이 군사적 사안으로 합의한 정부 지출에 협력하지 않는다는 것은 매우 어려운 일일 것이다. 이는 곧 군사적 측면에서 중요한 예산을 지지할 수밖에 없는 상황을 의미한다.

재무부의 재정적자에 대한 관점은 중기적으로 지속 가능한 성장을 달성하기 위해 현재의 재정 정책이 적절하다는 입장이다. 특히 재무부는 '미국에 대한 투자' 정책이 민간 부문의 투자를 사상 최고 수준으로 끌어올리고 있으며, 제조업을 다시 미국으로 돌리기 위한 주요 역할을 하고 있다고 믿고 있다. 이를 위해 인플레이션 감축법, 인프라법, 반도체지원법 등이 시행되었으며, 청정에너지, 인프라, 제조업에 대한 대규모 투자가 미국 경제의 경쟁력을 높이고 있다.

프로젝트 33은 미 해군의 2024년 항해 계획[NAVPLAN]의 일환으로, 인도-태평양 지역에서 증가하는 중국의 군사력에 대비한 전략적 계획이다. 이 계획은 로봇 및 자율 시스템을 해군 작전에 통합해 무인 드론과 자율 선박을 활용한 감시, 정찰, 타격 능력을 강화하는 데 중점을 두고 있다. 특히 무인 드론과 자율 선박은 해양 전력 증강에 필수적이기 때문에 AI 관련 기업들이 주목받고 있다.

또한 AI 및 자율 기술의 확대를 통해 방산 기업들에게 새로운 계약 기회를 제공할 가능성이 크다. AI 기술이 방산 산업에 적극 도입되면서 관련 기업들의 매출과 성장이 가속화될 수 있으며, 정부 계약이 체결되면 기업들의 실적이 안정적으로 개선될 것으로 예상된다.

이 모든 전략은 미국이 글로벌 해양에서 리더십을 유지하고 미래의 위협에 대응하기 위한 중요한 중장기적 비전을 나타내며, 미국의 경제 및 국방 전략이 어떻게 밀접하게 연결되어 있는지를 보여준다.

24장

실물경제 부진에도 주식시장은 상승할 수 있을까?

주식시장 랠리의 촉매

과거 30년간의 데이터를 보면 금리 인하는 일반적으로 주식시장의 하락장과 연결되어 있었다. 이는 저물가 시대를 배경으로 한 것으로, 경기침체가 올 때 연준이 금리를 인하하면서 주식시장에 충격을 준 경우가 많았다.

그러나 현재 상황은 다르다. 고물가 시대에서는 오히려 금리 인상이 하락장의 시작을 알리는 신호가 되고, 금리 인하는 랠리의 촉매제로 작용할 가능성이 높다. 이는 경기침체로 인한 금리 인하가 아니라 물가 둔화에 따른 인하라는 점에서 큰 차이가 있다.

금리와 주가의 관계를 통해 고물가 시대와 저물가 시대를 구분할 수 있으며, 현재 시장은 금리 인하에 긍정적인 반응을 보이고 있다. 이는 우리가 여전히 고물가 시대에 있음을 간접적으로 보여주며, 금리 인하는 랠리의 신호일 수 있다.

연준의 금리 인상은 현재 시장에 가장 큰 하락장 트리거로 인식되고 있다. 다만 물가가 일정 수준(4%대 이상)을 꾸준히 유지하는 상황에서만 연준이 다시 긴축으로 돌아설 것으로 보인다. 2024년 10월 현재, 이러한 물가 상황이 오기까지는 최소 1년이 더 소요될 것으로 예상한다. 그동안은 주식시장의 랠리가 지속될 가능성이 크다.

특히 2025년 상반기에는 주거비가 물가 하락에 기여할 것으로 예상되며, 이에 따라 연준이 금리 인하 기조를 유지할 가능성이 높다. 이러한 환경은 주식시장의 상승 흐름이 지속되는 데 긍정적인 영향을 미칠 것으로 보인다.

2022년을 돌아보면, 명목임금이 상승했음에도 실질 가처분 소득(명목 소득에서 물가 상승을 반영한 소득)이 감소하는, 경제 교과서에서 흔히 볼 수 없는 비대칭적인 현상이 발생한 해였다. 이는 높은 인플레이션과 임금 조정의 유연성이 동시에 작용한 결과로, 경제 둔화에도 불구하고 실업률이 안정적으로 유지될 수 있었던 배경이기도 했다. 유사한 상황은 과거 1966년에도 한 번 있었으며, 그때도 고용은 경기침체 속에서도 견조한 상태를 유지했다.

2024년 8월 실업률 상승 신호도 경기침체보다는 일시적인 조정으로 보이며, 2024년 9월 시작된 연준의 금리 인하 기조가 지속된다면 2025년 상반기에는 고용이 다시 반등할 가능성이 있다. 즉, 현재의 고용 둔화는 구조적인 경기침체의 증거가 아니라, 오히려 금리 인하 후 회복될 수 있는 일시적인 현상일 가능성이 크다.

앞으로도 나스닥과 AI 관련 주식은 하락할 때마다 AI 버블에 대한 우려가 증가할 가능성이 높다. 그러나 아직까지 AI 투자 붐이 끝났다고 볼 수 있는 명확한 트리거trigger는 나타나지 않았다. 현재의 AI 붐은 닷컴 버블과 유사하게 보이지만, 여전히 AI에 대한 기대가 크고 새로운 기술 혁신의 기회를 제공할 가능성이 있다는 점에서 상황이 다르다.

투자의 역사를 보면 버블은 높은 밸류에이션만으로는 붕괴되지 않고, 반드시 외부의 충격 요인에 의해 무너지는 경향이 있다. 1998년 페이팔을 공동 창업한 피터 틸 역시 AI에 대한 투자 열풍이 과열될 수 있지만, AI 기술이 가져올 새로운 변화와 기회를 기대하며 여전히 긍정적인 입장을 보이고 있다.

주식시장에서 강세장이 나타나는 요인 중 하나는 오히려 경기둔화 신호가 존재할 때였다. 과거를 돌아보면, 경기침체의 우려가 높아지고 국채 금리가 하락할 때마다 시장은 강세를 보였다. 경기둔화와 물가 안정에 대한 기대가 시장에 긍정적으로 작용할 수 있는 것이다. 현재 예상되는 일시적 경기둔화는 물가를 일시적으로 끌어내릴 수 있다. 이는 주식시장에 긍정적인 신호로 작용할 수 있다.

결론적으로, 간헐적으로 나타나는 경기둔화 우려는 일시적인 변동성을 초래할 수 있지만, 장기적으로는 주식시장의 랠리를 촉진하는 동력으로 작용할 가능성이 높다. 고용과 소비 둔화는 단기적으로 시장 조정을 유발할 수 있지만, 투자 사이클이 견조하게 유지된다면 증시의 상승세는 이어질 수 있다.

미국 정부의 흑자 재정이 주식시장에 호재일까?

미국의 재정이 흑자로 전환되고 부채가 감소하는 것은 긍정적인 경제 신호처럼 보일 수 있다. 하지만, 이러한 상황이 경제 전반에 어떤 영향을 미치는지에 대해 자세히 들여다보면, 흥미로운 역사적 패턴을 발견할 수 있다.

흔히 부자들에게 세금을 부과하는 이유는 부의 과도한 집중이 민주주의와 경제의 정상적인 작동을 방해하기 때문이다. 대규모 재산을 축적한 일부 개인들의 부가 경제적 불황을 유발할 수 있다는 인식이 있다. 일부 부자들의 자산에 대한 세금 징수는 경제의 안정성을 강화하는 데 도움이 될 수 있다.

그러나 흑자재정을 통한 재정 건전성이 경제를 반드시 활성화하는 것은 아니다. 미국이 흑자 재정을 기록하고 부채를 줄일 때마다 경제 불황이 발생한 사례는 여러 차례 있었다. 주요 역사적 사례를 살펴보자.

- **1817~1821년:** 1812년 전쟁 이후, 전시 지출을 줄이고 관세 수입을 늘리면서 부채를 줄였으나 2년 후인 1819년에 불황이 시작되었다.
- **1823~1836년:** 보호 관세 도입과 토지 매각으로 세입을 늘려 부채를 완전히 상환했으나, 다음 해인 1837년에 불황이 닥쳤다.
- **1852~1857년:** 철도 건설로 인한 세입 증가 덕분에 부채를 59% 줄였으나 1857년에 불황이 시작되었다.

- **1867~1873년**: 남북 전쟁 후 전쟁 채무를 상환하며 세제를 개혁해 부채를 줄였으나, 1873년에 불황이 도래했다.
- **1880~1893년**: 보호 무역 정책과 서부 개척으로 부채를 절반 이상 감축했으나, 1893년에 경제 불황을 겪었다.
- **1920~1930년**: 1차 세계대전 후 재정 긴축을 통해 부채를 줄였으나, 1929년에 대공황이 발생했다.
- **1998년 이후**: 클린턴 행정부 시기의 흑자재정은 경제 불황의 전조가 되었다.

이 같은 사례들은 주로 세입 증대와 지출 절감을 통해 재정을 흑자로 돌렸으나, 과도한 긴축과 지출 축소로 인해 소비와 투자가 위축되면서 경기침체를 초래했다는 점을 보여준다.

역사적으로 미국이 흑자재정을 기록할 때마다 경기침체가 뒤따랐다는 점은, 재정 흑자가 반드시 경제 활성화를 의미하지 않음을 시사한다. 특히 흑자재정을 달성하기 위해 미국 정부가 무리하게 재정긴축 정책을 추진할 경우, 경제 전반에 걸친 소비와 투자가 감소하여 경기침체로 이어질 수 있다.

재정 적자와 인플레이션

재정 적자가 경제에 미치는 영향을 평가할 때 중요한 기준은 인플레이션이다. 흔히 재정 지출이 과도하면 인플레이션이 발생할 가능성이 커진다고 생각한다. 2020년 팬데믹 당시도 미국 정부가 GDP의 20%에 해당하는 재정을 풀면서 큰 인플레이션 우려가 있었다. 실제로 2022년에 강력한 인플레이션이 발생하면서 재정 확대와 통화 증가가 인플레이션을 유발할 수 있다는 이론에 대한 관심이 다시 높아졌다.

하지만 인플레이션은 단순히 통화량 증가의 문제가 아니라 공급망 제약과도 깊이 관련이 있다. 공급망이 막혀 있는 상태에서 유동성이 공급되면 필연적으로 물가 상승이 발생할 가능성이 커진다. 반면, 공급망이 원활하게 작동하는 상황에서는 재정 적자가 성장에 따른 인플레이션을 다소 자극할 수는 있지만, 1970년대와 같은 급격한 인플레이션 상승이 재현될 가능성은 상대적으로 낮다.

미국 정부는 재정 지출이 경제 성장에 미치는 영향을 면밀히 살펴야 하며, 인플레이션이 아닌 공급망 효율성에 맞춰 재정을 조절하는 것이 중요하다.

미국 인플레이션과 강달러 정책의 향방

미국 경제는 현재 장기적인 구조적 문제와 단기적인 과제를 동시에 안고 있다. 정부 부채의 급증과 경상수지 적자는 대표적인 문제로 지적된다. 그럼에도 단기적인 경제 위기는 큰 가능성을 보이지 않으며, 2022년 인플레이션은 오히려 이 부채 문제를 다소 완화하는 데 기여했다.

연준은 인플레이션을 억제하는 데 집중하고 있으나, 미국 정부는 경제 성장을 유지하기 위해 지속적인 재정 지출이 필요하다고 판단할 가능성이 높다. 즉 정부는 연준의 목표와는 달리 3%대 중반 수준 인플레이션을 목표로 함으로써, 재정 안정성과 경제 성장을 동시에 이루려는 전략을 택할 수 있다.

미국의 완화적 재정 정책과 긴축적 통화 정책이 조합된 현재의 경제 운용 방식은 대내적으로는 안정적인 성장을 이루는 듯 보인다. 하지만 강달러 현상이 초래하는 양극화와 대외 균형의 훼손이 문제이다. 강달러가 물가 안정에 기여할 수 있으나, 이로 인해 경상수지 적자가 더욱 커질 가능성이 있어 미국이 장기적으로 이를 유지할 가능성은 낮다고 할 수 있다.

미국이 향후 양극화 해소를 위해 노력한다면, 그 결과는 달러 약세로 이어질 가능성이 크다. 이는 미국 제조업의 수출 경쟁력을 강화하고, 특히 글로벌 경제 회복에 긍정적인 역할을 할 수 있다. 다만 미국이 기준금리를 인하하더라도 유럽과 중국이 같은 조치를 취한다면, 달러의 약세 전환이 가시적으로 나타나지 않을 가능성도 있다.

미국은 기축통화국으로서 고유의 위치에 있다. 달러에 대한 기본 수요가 강하게 유지되기 때문에, 미국은 다른 국가들이 사용하기 어려운 과감한 통화 정책을 실현할 수 있는 이점을 갖고 있다. 이는 미국이 통화 정책을 운영하는 방식에서 자국의 국익을 최대화하는 방향을 취해왔음을 보여준다.

향후 달러의 방향을 예측하려면 미국 정부와 연준이 국익을 어떻게 정의하고 추구하는지에 대한 관찰이 핵심이 될 것이다. 만약 기준

금리 인하가 지속적으로 이루어진다면, 이는 달러 약세로 이어져 글로벌 경제에 투자 기회를 제공할 것이다. 주요국의 경제 활동 회복이 글로벌 수요를 촉진하면서, 특히 중간재를 공급하는 신흥국들에 긍정적인 영향을 미칠 수 있다.

과연 가능할까? 나는 미국의 강달러 정책이 철저히 그들의 필요에 따라 결정되고 완화될 것이라고 생각한다.

주식시장이 폭락한다면 연준은 어떻게 대응할까?

미국의 고용시장은 예상외의 강세를 보이고 있지만, 소기업의 상황을 보면 그 이면의 변화가 엿보인다. 전미독립사업자연맹NFIB의 설문조사에 따르면, 소기업들의 상황이 점점 어려워지고 있다. 이는 미국 경제의 중요한 섹터에서 불확실성과 도전이 증가하고 있다는 신호다.

고용 시장이 견조해 보일 수 있지만, NFIB의 고용 지표를 살펴보면 소기업에서부터 시작되는 고용 악화가 시차를 두고 전체 실업률 상승으로 이어질 수 있음을 유추할 수 있다. 특히 소기업의 이익이 줄어드는 추세에 있고, 금리 인상에 따른 이자 비용이 증가하는 상황은 금리 인상의 여파가 실물 경제에 본격적으로 영향을 미치기 시작했음을 의미한다.

만약 경기 침체가 발생하거나 하이퍼인플레이션으로 인해 증시 폭락이 우려되는 상황이 온다면, 연준은 이를 방관할까? 나는 그 가능성을 매우 낮게 본다. 미국에서는 약 9천만 명의 국민이 401(k)와 같은 확정기여형 플랜에 가입해 있으며, 이들의 재정 안정성은 주식시장의 성과에 크게 의존한다. 주식시장의 급락은 퇴직을 앞둔 사람들과 이미 퇴직한 사람들의 재정적 불안을 심화시키고, 이는 소비를 위축시키며 경제 전반에 악영향을 미칠 가능성이 높다.

특히 401(k) 계좌의 가치 하락은 소비자 심리에 직접적인 타격을 주어 가계 소비를 위축시키고, 이는 경제 전반의 성장 동력을 약화시킬 수 있다. 이러한 이유로 연준이 증시의 극심한 변동성을 방치할 가능성은 낮다. 증시 폭락은 금융 시스템 전체에 불확실성을 증대시키고 안정성을 위협할 수 있기 때문에, 연준과 미국 정부는 적극적인 대응에 나설 것으로 보인다.

증시 폭락은 금융 시스템 전체에 불확실성을 증가시키고 안정성을 위협할 수 있기 때문에 연준과 미국 정부는 적극적인 대응을 펼칠 것이다. 연준은 금융 시스템의 안정성을 유지하는 책임을 지고 있다. 이러한 상황에서는 시장에 대한 정책적 개입을 통해 리스크를 관리할 가능성이 크다.

종합적으로 보면, 연준과 재무부는 향후 경기 흐름에 대해 매우 조심스럽게 접근하고 있다. 연준의 금리 정책과 양적긴축 종료 시점 또한 증시 흐름이 중요한 영향을 미칠 것이다. 연준과 재무부는 시장 안정화를 최우선 과제로 삼고, 경제와 금융 시스템 전반의 리스크를 줄이기 위해 적극적으로 대응할 준비가 되어 있다.

7부

글로벌 투자 지형은
어떻게 재편될까?

25장

성장과 패권을 위한
미국의 장기 경제 전략

미국은 지금 전 세계 경제에서 독특한 전략을 펼치고 있다. 금융 긴축과 재정 완화의 조합을 선택함으로써, 다른 국가들의 성장률을 억제하는 한편, 미국 자체의 성장률을 높이는 목표를 명확히 하고 있다. 이러한 접근은 단순히 경기 조절을 넘어서, 장기적으로 미국 경제를 더욱 강력하게 만드는 데 목적이 있다.

미국은 명목 GDP뿐 아니라 실질 GDP 성장에 대해 매우 진지한 태도를 보인다. 이러한 의지는 단순히 연준의 경제적 목표를 넘어서는 것이며, 미국 정부 전반에 걸친 장기적 전략으로 이해할 수 있다. 특히 부채 문제 해결의 핵심을 경제 규모, 즉 GDP의 확대에 두고 있다는 점에서, 단기적 경기 부양을 넘어 장기적인 경제의 지속 가능한 성장을 추구하고 있다.

이를 위해 미국은 대규모 재정 부양책을 펼치며, 이를 통해 성장 동력을 반영구적으로 끌어올리려는 노력을 이어가고 있다. 이러한 투자들은 일시적인 경기 부양이 아니라, 미국 경제의 지속적인 성장

기반을 구축하는 데 중점을 두고 있다.

2024년 들어 미국채 10년물 금리가 상승한 이유는 미국 경제의 성장률이 향상되고 있다는 반영으로 볼 수 있다. 이는 단순히 수급 문제나 음모론에 기반한 것이 아닌, 실제 경제 성장의 모습을 담고 있다.

특히 9월부터 시작된 금리 상승은 경기침체에 대한 채권 시장의 예측이 철회되었음을 의미하기도 한다. 물론 역사적으로 미국채는 대부분의 시기에서 고평가된 사례가 많았다는 점을 고려할 때, 장기적으로 미국채 금리가 계속 상승하리라는 단정은 쉽지 않다.

항상 강조하지만, 미국 정부의 경제 목표에 반하는 방향으로 투자하는 것은 상당히 어려운 일일 수 있다. 물론 2024년 2~3분기(4월, 7월, 9월)처럼 앞으로도 미국이 의도적으로 시중 유동성을 긴축해 경제 성장을 둔화시키는 시기가 있을 수 있다. 이러한 시기에는 경기침체 우려가 강해지고 주식시장이 변동성을 보이는 등 일시적인 조정이 나타날 가능성도 크다.

이와 같은 시장 상황은 헤지펀드나 트레이더들에게는 기회가 될 수 있으며, 이들은 이를 활용해 수익을 극대화할 가능성이 있다. 그러나 일반적인 개인 투자자들에게 이러한 전략은 상당히 위험할 수 있다. 미국 정부는 경제 성장에 진심인 상황이며, 우리는 이에 맞춰 투자하는 것이 더 안전하고 지속 가능한 전략이라고 본다.

시장은 항상 변화하지만, 비싼 자산은 결국 가격이 하락하는 경향이 있다. 현재 주식시장에는 다양한 관점에서 고평가된 주식들이 있으며, 일부 분석가들은 과거와 비교해 이러한 밸류에이션 버블을 우려한다. 하지만 동시에, 보이지 않는 혁신이 시장 내에 자리 잡고 있다는 점을 기억해야 한다.

미국 정부의 투자는 민간 부문에서 대규모 투자를 촉진하는 역할을 한다. 2025년에는 이러한 설비 투자들이 미국 경제 성장에 매우 중요한 역할을 할 것으로 예상된다. 특히 AI, 반도체, 재생에너지와 같은 분야에 대한 투자는 경제의 핵심 성장 동력이 될 것이다.

이러한 혁신이 트렌드로 자리 잡게 된다면, 시장은 더 큰 성장 잠재력을 갖게 되며, 이는 주식의 밸류에이션을 재평가하는 계기가 될 수 있다. 따라서 미국 경제의 지속적인 성장을 위해서는 정부 투자와 그로 인한 혁신의 성공 여부가 매우 중요한 요소로 작용할 것이다.

종합적으로, 미국의 장기적인 경제 계획은 경제 성장을 추구하면서도 정부의 역할과 민간 투자를 통해 혁신을 가속화하는 데 초점을 맞추고 있다. 투자자들 역시 이러한 흐름을 이해하고 장기적인 투자 전략을 세운다면, 긍정적인 결과를 기대할 수 있을 것이다.

26장

고물가 시대와
자산 투자 전략

여전히 미국은 고물가 상황에 직면해 있으며, 이에 대응하기 위한 복합적인 경제 전략을 실행 중이다. 고물가 시대의 경제 환경은 저물가 시대와는 다른 특징을 보인다. 특히 연준의 통화 정책과 미국 정부의 장기적 재정 투자 계획이 중요한 역할을 한다.

고물가 시대에 연준의 통화 정책은 저물가 시대와는 다르게 작동해야 한다. 연준이 후행적 통화 정책을 반복하게 되는 주된 이유는 인플레이션을 기준으로 정책을 결정하기 때문이다. 저물가 시대에는 경제 성장이 인플레이션과 동반되지만, 고물가 시대에는 인플레이션이 자산 가격과 경제 활동을 결정하는 주된 요소가 된다. 따라서 연준의 정책이 후행적으로 작동할 경우, 스태그플레이션과 같은 경제적 어려움이 발생할 가능성이 크다.

파월 의장을 비롯한 연준 위원들은 물가가 안정되는 한 금리 인하에 나설 의사를 여러 차례 밝혔으며, 중립금리인 약 3% 수준까지 기준금리를 인하하는 것이 장기적 목표로 보인다. 이는 2026년까지 계

획된 금리 경로와 맞물려 있으며, 적정 수준으로 물가를 관리하면서
도 지속적인 경제 성장을 도모하려는 연준의 전략을 반영한다.

재무부는 대규모 인프라 투자와 기술 혁신을 통해 장기적인 경제
성장을 촉진하고 있다. 특히 인플레이션 감축법, 초당적 인프라법, 반
도체지원법 등을 통해 청정에너지와 제조업 부문의 투자가 활발히
이루어지고 있다. 이러한 법안들은 미국의 경제 경쟁력을 강화하고,
안정적인 성장 기반을 구축하는 데 기여할 것이다.

2024년에는 에너지부가 송·배전망에 대한 대규모 투자 계획을 발
표했는데, 이는 신재생에너지의 안정적 공급을 위해 중요한 기반 시
설을 구축하는 데 목적이 있다. 이러한 송·배전망 프로젝트는 전력
인프라를 강화하고, 특히 자연재해로부터 시설을 보호하기 위한 필
수적인 투자로 평가받고 있다.

재무부와 연준의 협력은 금융 안정성을 보장하고, 채권 시장의 변
동성을 억제하는 데 중점을 두고 있다. 특히 재정 지출과 금리 안정
은 미국 경제의 성장을 지속시키기 위한 핵심 요소로 작용하며, 연준
역시 이러한 정부의 계획을 지원하고 있다.

고물가 시대에서의 금리 인하는 주식시장에 긍정적인 영향을 미
칠 가능성이 크다. 인플레이션이 안정되며 금리가 조정되는 과정은
경기 확장을 촉진하고, 자산 가격을 지지할 수 있는 기반이 될 것이
다. 다만 자산 시장의 상승이 인플레이션 반등을 유발할 가능성도 있
으므로, 금리 정책과 재정 지출 간의 균형은 지속적으로 모니터링해
야 한다.

2025년 어느 시점에서 연준이 재무부의 재정 계획을 지원하기 위

해 양적긴축을 종료하거나, 필요에 따라 수익률 곡선 통제를 시행할 가능성도 있다고 생각한다. 정말 시행된다면, 이는 미국이 물가 안정보다 경제 성장에 더욱 진심임을 보여주는 신호라고 생각하면 될 것이다. 미국 경제의 장기적 성장을 도모하기 위해 금리 안정과 자산 시장의 방향을 유도하는 이 정책들은 투자자들에게 중요한 시사점을 제공할 것이다.

고물가 시대의 경제 환경에서는 연준과 재무부의 장기적 계획을 면밀히 이해하는 것이 자산 투자 전략의 핵심이 될 것이다.

27장

미국의 금융 정책과 재정 정책이 글로벌 경제에 미치는 영향

미국과 세계 주요 경제국들은 저마다 금융 정책과 재정 정책을 통해 국내외 경제 안정과 성장을 도모하고 있다. 이들 정책은 서로 독립적인 듯 보이지만, 실제로는 긴밀하게 연결되어 있다. 미국 연준의 결정이 다른 국가의 중앙은행에도 파급 효과를 미치기 때문이다. 특히 달러가 기축통화로서 세계 경제에 강력한 영향을 미치고 있어, 미국의 금융 긴축과 완화가 세계 경제 전반에 미치는 효과는 크고 중요하다.

유럽 중앙은행ECB과 일본은행BOJ은 각자 독립적인 금융 정책을 펼치고 있지만, 연준의 정책 방향에 큰 영향을 받는 경향이 있다. 달러는 세계 금융 시스템에서 중추적인 역할을 하기에, 연준의 긴축이나 완화 정책이 ECB와 BOJ의 결정에도 연쇄적으로 반영된다. 유럽과 일본은 미국의 금리 변동과 환율 변동성에 직접적으로 영향을 받기 때문에, 연준과의 정책 공조를 통해 시장 변동성에 대응하는 모습을 보이기도 한다.

특히 기축통화국인 미국과 유럽의 금융 정책은 글로벌 금융 시장에 자본 흐름과 통화 가치, 금리 변동을 초래하여 신흥국과 기타 국가들에도 영향을 미친다. 미국의 금리 인상은 신흥국에서 자본 유출을 야기할 수 있으며, 반대로 금리 인하는 전 세계적으로 유동성을 증가시켜 위험 자산 시장에 활력을 불어넣는 효과를 가져올 수 있다.

　재정 정책은 대개 국내 경제에 중점을 둔다. 미국 정부의 지출 확대나 긴축 정책은 주로 자국 내 경기 부양, 고용 창출, 인프라 확충 등을 목표로 하고 있으며, 이는 미국 경제 활성화에 기여한다. 물론 간접적으로는 글로벌 무역과 공급망에도 영향을 미치지만, 기본적으로 국내 경제가 주요 목표다.

　미국의 재정 정책은 특히 중국과 같은 경쟁국의 경제 상황에 따라 정책 강도가 민감하게 반응할 수 있다. 예를 들어, 중국 경제가 둔화되거나 경쟁력이 약화되면, 미국은 이에 맞춰 국내 경제를 더욱 지원하는 방향으로 정책을 강화할 가능성이 크다.

　미국의 금융 완화는 세계 경제 흐름에 발맞추어 자국 경제의 재가속을 위한 결정이다. 과거에는 외국 중앙은행들이 자국 통화의 경쟁력을 유지하기 위해 미국 국채를 매입하며 환율을 안정시켰지만, 최근 몇 년간 연준의 금리 인상과 달러 강세로 인해 이 같은 동기는 줄어들었다. 이로 인해 외국 중앙은행들은 자국 통화의 약세를 방어하기 위해 미국 국채를 매입할 필요성이 낮아졌다.

　그러나 2025년에도 연준이 금리 인하를 지속한다면, 이러한 흐름은 다시 변화할 가능성이 있다. 외국 중앙은행들이 미국 국채 매입을 재개할 가능성이 높아질 것이다. 이는 연준의 금리 정책에 따른 시장 변화가 어떻게 전개될지를 시사하는 중요한 지표다. 국채의 주요 매수자 변화에 따라 시장이 받는 영향도 달라지며, 투자자들은 국채 경매 지표와 신용평가 기관의 움직임을 주의 깊게 살펴볼 필요가 있다.

미국 노동시장에서 이민자 수의 증가는 인플레이션에 하방 압력을 가하고 있다. 2020년 4월 이후, 미국의 노동 인구 내에서 외국인 수가 500만 명 이상 증가했으며, 특히 2022년부터 2024년까지 급격하게 유입된 이민자들이 임금 상승률을 낮추는 데 기여했다. 이는 물가 안정에 긍정적 영향을 미치고 있으며, 미국의 고용시장에서도 중요한 역할을 하고 있다.

미국의 금융 정책과 재정 정책은 세계 경제에 상당한 영향을 미치고 있다. 연준의 금리 정책 변화는 글로벌 자본 흐름에 중대한 변화를 가져올 수 있으며, 미국의 재정 정책은 자국 경제를 중심으로 하지만 글로벌 무역에도 영향을 미친다. 특히 미국의 금융 및 재정 정책의 방향이 어떻게 전개되느냐에 따라, 외국 중앙은행과 개인 투자자들의 미국 국채 매입 여부와 시장의 자본 이동에도 영향을 미칠 것이다.

이처럼 금융 긴축과 재정 완화 정책이 글로벌 경제에 미치는 영향과 주요 요인들을 면밀히 분석하면, 미국과 세계 경제 전반의 흐름을 이해할 수 있을 것이다.

28장

타이밍과 시장 사이클이
중요하다

모든 투자의 성공 열쇠는 정확한 타이밍에 있다. 투자 시점을 잘 파악하고, 시장 진입과 이탈을 최적의 순간에 맞추는 것이 핵심이다. 아무리 좋은 기업이라도 투자 심리가 약세를 보이는 시장에서는 제 가치를 제대로 평가받지 못할 수 있다. 엔비디아, 마이크로소프트, 구글과 같이 강력한 기술 혁신을 이끄는 기업들도 약세장에서는 투자 심리가 뒷받침되지 않으면 기대했던 성과를 내기 어려운 것이 현실이다.

투자에 있어 좋은 타이밍과 강력한 기업의 조합이 성공의 중요한 요인이라면, 시장의 전체적인 흐름과 투자 심리 또한 무시할 수 없는 요소로 작용한다.

과거의 시장 흐름을 되돌아보면, 경기의 상승과 하락은 주로 경기적 요인과 금융적 충격에 의해 좌우되었다. 예를 들어, 1995년부터 2008년까지는 전반적으로 상승장이었지만, 많은 사람이 오해하는 것과 달리 1999년부터 상승이 시작된 것이 아니었다.

실제로는 1991년 초 과열된 시장이 신규 상장 기업의 증가와 맞물려 1994년까지 구조적 하락기를 경험한 후 1995년부터 점진적으로 회복하기 시작했다. 1997년 동아시아 외환위기로 인해 한국과 동아시아 주식시장은 급락했지만, 1999년에는 IT 산업의 성장과 함께 큰 폭으로 반등하는 모습을 보였다.

그러나 2008년 금융위기 당시의 상황은 다소 달랐다. 당시에는 시장이 과열된 상태에서 금융적 충격이 발생했고, 시장이 이미 구조적 하락 국면에 접어들기 시작한 시점이었기에 그 충격은 시장에 큰 타격을 주었다.

2022년도 비슷한 양상을 보였지만, 중요한 차이가 있다. 2022년의 금융 충격은 구조적 상승기의 중후반부에서 발생한 것으로 볼 수 있다. 과열된 시장 상황과 기업의 재무 안정성은 충격 이후에도 상승 국면이 더 이어질 가능성을 암시하고 있다. 시간이 지나면서 소외되었던 기업들이 다시 주목받고, 새로운 상승 국면으로 전환될 수 있는 환경이 만들어졌을 가능성도 크다.

투자자들은 시장이 붐(boom, 급성장)-버스트(bust, 급락) 사이클로 움직인다는 것을 이해하는 것이 중요하다. 이 사이클은 저평가된 이익에서 시작해 유동성 공급이 축소될 때까지 이어지며, 유동성이 빠지기 시작하면 자산을 매도하는 투자자들에 의해 시장 조정이 일어난다. 이는 자산 가격의 급격한 하락을 초래한다. 과열된 시장에서는 낙관적인 전망이 넘쳐나지만, 이는 버스트 단계의 신호일 수 있다.

예를 들어 미국이 재정 흑자로 돌아서는 시기는 버스트가 시작될 가능성이 높다. 이는 경제가 매우 강력한 상태를 나타내지만 동시에 정부가 민간의 이익을 가져가는 단계, 즉 경제 성장이 정점을 찍었음을 의미하기도 한다.

투자에서 타이밍은 모든 것의 시작이자 끝이다. 타이밍을 잘 맞춘다는 것은 시장의 사이클을 이해하고 구조적 상승기와 금융 충격을 구분하여 전략적으로 접근하는 것을 의미한다. 적절한 타이밍을 통해 수익을 극대화하는 것이야말로 투자에서 성공을 좌우하는 가장 중요한 요소다.

29장

미국의 위치와
패권의 지속 가능성

레이 달리오의 저서 『변화하는 세계 질서』에서 제시된 제국점수 Imperial Score 개념에 따르면, 한 국가의 패권은 경제, 군사, 사회, 기술 등 여러 요소의 조합으로 유지된다. 미국은 이러한 핵심 지표에서 높은 점수를 기록하며 여전히 강력한 패권 국가로 자리하고 있다.

실리콘밸리와 같은 첨단 기술 허브를 보유한 미국은 AI, 반도체, 바이오테크 등 핵심 기술 분야에서 높은 점수를 기록하고 있다. 이러한 혁신 역량은 장기적 패권 유지에 필수적이다.

미국은 뉴욕을 중심으로 세계 금융을 주도하고 있으며, 달러화는 여전히 국제 기축통화로서의 지위를 유지하고 있다. 이는 미국의 경제적 영향력과 글로벌 지배력을 강화하는 핵심 요소다.

군사력 측면에서 미국은 여전히 세계에서 가장 강력한 국가로서의 위치를 지키고 있다. 이는 패권 유지의 중요한 기둥으로, 미국의 군사적 역량은 글로벌 안보를 유지하는 데 중요한 역할을 하고 있다.

미국은 경제적 자립을 강화하고, 중국과의 경제적 경쟁에서 우위를 확보하기 위해 리쇼어링과 보호무역을 적극적으로 추진하고 있다. 이는 첨단 제조업과 고부가가치 산업에 대한 투자 촉진을 통해 국가 경쟁력을 강화하려는 전략적 선택이다.

미국은 패권 유지를 위해 반도체 산업 육성, 리쇼어링, 기술 혁신, 군사력 확장 등 다각적인 전략을 펼치고 있다. 이러한 움직임은 단순한 경제적 이득을 넘어서 국제적 영향력 강화와 경제 안보 확보를 위한 필수적인 요소로 평가된다.

또한『국가는 왜 실패하는가』에서 제시된 논리, 즉 국가 경제 규모가 기술, 노동, 제도라는 세 가지 핵심 요소에 의해 결정된다는 관점은 국가의 성공과 실패를 이해하는 데 중요한 통찰을 제공한다.

기술은 경제 성장의 핵심 동력으로 작용한다. 새로운 기술이 개발되면 생산성이 크게 향상되며, 이는 경제 전반에 걸쳐 변화를 일으킨다. 농업 시대에는 기계와 관개 기술이 농업 생산량을 폭발적으로 증가시켰고, 산업혁명 시기에는 증기기관, 전기, 철강 기술이 전통적인 생산 방식을 혁신하며 대규모 산업화를 이끌었다. 오늘날에는 정보 기술과 인공지능이 모든 산업에서 혁신을 주도하며, 글로벌 경제에 새로운 부가가치를 창출하고 있다. 또한 백신 개발이나 유전자 편집 기술은 인간의 건강을 증진시키는 동시에 경제적으로도 엄청난 파급 효과를 가져왔다.

노동력은 국가 경제의 기반으로, 노동의 질과 양이 경제 성과를 좌우한다. 인구가 많고 생산 가능 연령대가 충분하면 경제 활동이 활발해질 가능성이 높다. 그러나 단순히 인구가 많다고 해서 경제적 성공이 보장되지는 않는다. 교육과 훈련을 통해 노동의 질을 높여야만 기술 혁신을 촉진하고, 새로운 산업에서 고부가가치 활동을 수행할 수 있다. 20세기 후반 한국은 대규모 교육 투자를 통해 숙련된 노동력을 양성하며 '한강의 기적'을 이루었다. 적은 인구에도 불구하고 고도의 교육 시스템과 전문성 있는 노동력을 바탕으로 글로벌 경제 허브로 자리 잡을 수 있었다.

제도는 기술과 노동이 제대로 작동할 수 있도록 만드는 운영체제와 같다. 올바른 제도는 경제 주체들이 혁신하고 노력하며 공정하게 경쟁할 수 있는 환경을 제공한다. 법적, 경제적 기회를 평등하게 보장하는 제도는 투자, 혁신, 창업을 활성화하며, 경제 성장의 핵심 조건이 된다. 반대로, 일부 권력층이 부와 자원을 독점하면 대다수 사람들이 경제 활동에 참여할 동기를 잃게 되고, 경제는 침체에 빠질 가능성이 높다.

스칸디나비아 국가들은 강력한 법치주의와 포괄적인 사회복지 시스템을 통해 경제적 안정성과 혁신을 동시에 달성한 사례다. 반면, 아프리카 일부 국가들은 정치적 부패와 불안정한 제도로 인해 천연자원이 풍부함에도 불구하고 빈곤에서 벗어나지 못하고 있다.

경제는 기술, 노동, 제도라는 세 가지 요소가 개별적으로 작동해서 성장하는 것이 아니다. 이 세 가지가 서로 유기적으로 조화를 이루며 시너지 효과를 낼 때 경제는 지속적으로 성장할 수 있다. 예를 들어, 기술이 발전해도 교육받은 노동자가 부족하면 제대로 활용되지 못하고, 교육받은 노동자가 많아도 제도가 불공정하면 혁신이 억제된다. 제도가 아무리 훌륭해도 기술 발전이 이루어지지 않으면 생산성은 정체된다. 결국 경제 규모는 이 세 가지 요소가 얼마나 조화를 이루며 작동하는가에 달려 있다.

성공한 국가는 기술, 노동, 제도를 균형 있게 최적화하며, 실패한 국가는 이 중 어느 한 요소가 크게 부족한 경우가 많다. 이러한 관점에서 볼 때, 나는 미국의 패권 유지가 지속될 가능성이 높다고 보고 있다. 이는 단지 미국 자체의 강점 때문만이 아니라, 경쟁 상대국들과의 비교에서도 명확히 드러난다. 미국은 경제적, 군사적, 기술적 경쟁력을 여전히 균형 있게 유지하고 있으며, 이러한 요소들이 시너지를 이루며 글로벌 리더로서의 위치를 더욱 공고히 하고 있다.

미국 정부 주도의 계획경제와
변곡점의 시대

내가 인상 깊게 읽은 책, 칼 폴라니의 『거대한 전환』에서는 시장 질서가 자발적 조정만으로 유지될 수 있다는 '신화'를 날카롭게 비판하고 있다. 자유방임은 인간의 자유를 지키고 번영을 이루어낼 것이라는 믿음을 심어주었지만, 실제로는 자율성을 해치는 결과를 초래했다고 주장한다.

프리드리히 하이에크와 같은 경제학자는 자유방임을 거부하면 파시즘으로 치달을 위험이 있다고 경고하며 자율적 시장 경제가 인간의 자유를 보장한다고 주장한다. 그러나 칼 폴라니는 이와 반대로, 자유방임이야말로 사회적 관계를 파괴하여 노동과 토지를 상품으로 전락시키고, 결국 국가의 개입 없이는 시장 질서가 유지될 수 없다고 보았다.

현대 사회의 구조를 들여다보면, 산업, 정치, 교육, 가족, 종교 등 모든 분야가 기계적 질서에 맞춰 돌아가며 개인의 진정한 자유는 점점 더 제한되고 있다. 자유주의는 형식적 자유를 보장하지만, 실질적인 자유와 사회적 복지를 충족시키지 못하는 기계화된 사회 구조를 양산하고 있다. 자유방임이 오히려 파시즘과 같은 권위주의적 체제를 초래할 수 있는 가능성이 있다는 폴라니의 예측은 불평등의 확대로 이어지는 신자유주의 질서에서 현실화되는 듯하다.

오늘날 자율적 시장이 문제가 되는 이유는 단지 경제적 불균형 때문만은 아니다. 자유시장이 정부의 감독과 통제 없이 무질서하게 운영될 경우, 특히 성장성이 높은 기업이 정부의 지원을 받아 시장에서 독점적 지위를 강화할 때, 사회적 자본이 특정 기업에 집중되고 사회적 불평등이 심화될 수 있다. 이는 현대 경제에서 정부가 특정 산업에 지원을 집중하여 특정 기업이 독점적 위치를 강화하는 모습과도 맞물린다.

이러한 구조 속에서 금융 자본이 경제를 장악하게 되면 생산성 저하와 경제 자율성 약화로 이어질 가능성이 크다. 월가에 대한 대중의 비판적 시선과 제조업의 재가속화 요구는 신자유주의 경제 질서의 한계와 그에 따른 구조적 변화의 필요성을 시사한다. 이는 금융화에 대한 저항과 제조업의 부활을 통해 자본주의 체제의 근본적인 변화를 촉구하는 목소리로 이어진다.

트럼프가 자본 독점 대신 생산을 강조하는 정책을 통해 대중적 지지를 얻은 것은 자본주의 폐해에 대한 반발과 연결된다. 미국은 자국의 이익을 위해 브레턴우즈 체제, 닉슨 쇼크, 플라자 합의 등 국제 기준을 지속적으로 수정해왔으며, 이는 경제 민족주의 개념과도 일맥상통한다. 내가 지속적으로 말하는 '정부 주도의 계획 경제'로의 전환 움직임은, 필요에 따라 글로벌 규범을 자국에 유리하게 변화시켜

온 미국의 역사와 맥락을 같이한다고 볼 수 있다.

미국은 우리가 상상하는 것보다 훨씬 대담하다. 표면적으로는 포용과 관용을 외치지만, 그 이면에는 누구보다 단호하고 냉정한 면모를 지니고 있다. 미국이 누군가를 돕는다면, 그게 자신에게 도움이 되기 때문에 도울 뿐이라는 것을 알아야 한다.

제1차 세계대전 이후 1929년 대공황은 미국을 시작으로 전 세계를 강타하며 경제적 혼란을 불러일으켰다. 미국은 뉴딜 정책을 통해 대공황의 충격을 완화하고 경제 회복의 기틀을 마련했지만, 즉각적인 호황을 가져오지는 못했다.

경제가 조금씩 회복되는 듯했으나, 1937년 경기 회복이 둔화되면서 미국은 또 다른 불황을 겪게 되었다. 그러던 중, 제2차 세계대전이 일어났고, 미국은 본격적인 전시 경제로 전환하여 제조업과 군수산업이 급성장했다. 이는 미국 경제를 완전한 호황으로 이끌었다.

1945년 전쟁이 끝난 후, 유럽은 대규모 파괴와 경제 붕괴를 겪었으며, 미국과 소련이 새로운 패권 국가로 부상했다. 유럽은 전후 산업을 재건하기 위해 미국의 지원이 절실했다. 미국은 GDP의 5%에 달하는 막대한 자금을 투입한 마셜 플랜을 통해 유럽 경제 회복을 도왔다. 이 지원은 대공황과 제2차 세계 대전의 충격을 딛고 전 세계 경제를 안정화하는 중요한 발판이 되었다. 이로써 미국은 세계 경제의 중심으로 부상하며, 글로벌 패권을 쥐게 되었다.

금본위제는 사라졌지만, 오늘날의 경제는 자산 시장과 금융 시스템이 주도하는 구조로 변모했다. 금융 자본이 경제를 지배하면서 생산성은 둔화되고 사회 통합력은 약화되었다고 볼 수 있다. 월가의 독점적 금융 체계에 대한 대중의 비판과 제조업 부흥을 요구하는 목소리는 신자유주의의 한계를 드러내는 신호다. 이는 단순히 경제의 문제가 아니라, 자본주의 질서 자체에 대한 근본적 변화를 요구하는 반응이라 할 수 있다.

트럼프의 미국 우선주의와 자본 독점에 대한 비판은 자본주의 폐해에 대한 반발과 맞닿아 있다. 경제 민족주의의 맥락에서, 미국은 브레턴우즈 체제나 플라자 합의와 같은 국제적 규범을 자국 이익에 맞춰 변경해왔다. 미국은 필요에 따라 국제 규칙이나 협력 체계를 따르지 않고, 자국의 경제적·정치적 이익에 맞게 정책을 조정해왔다. 이는 오늘날 미국이 보이는 고립주의적 경향의 연장선이라고 볼 수 있다

이러한 글로벌 경제 질서의 변화는 대공황, 제2차 세계대전, 그리고 그 이후의 경제적 충격들이 연속적으로 작용한 결과라고 할 수 있다. 자유방임 경제는 근본적인 사회 문제를 해결하지 못할 때, 파시즘과 같은 극단적 정치 체제가 대두할 수 있으며, 오늘날 우리가 겪는 경제적 불평등과 같은 사회 문제를 다시 한번 고찰하게 만드는 계기가 된다.

31장

미국의 정부 부채 문제와
세계 경제의 미래

미국의 정부 부채 문제는 단순히 국가적 도전 과제가 아니라, 전 세계 경제 질서에 깊은 영향을 미칠 수 있다. 현재 미국의 국가 부채 비율은 역사적 최고 수준이지만, 당장 채무 불이행 위기의 가능성은 낮다. 그러나 국채 수익률이 급등하거나 시장의 신뢰가 약화될 경우, 미국 경제는 예상치 못한 위기에 직면할 수 있다.

일각에서는 미 연준이 다시 양적완화와 같은 통화완화 정책을 사용할 가능성을 제기하지만, 이는 현재의 정책 기조와 경제 여건을 고려할 때 실현 가능성이 낮아 보인다. 대신 새로운 행정부가 출범하기 전까지 예상되는 시나리오는 장기 금리 상승과 수익률 곡선의 가팔라짐으로, 이는 금융시장에 상당한 변동성을 유발할 수 있다.

이러한 상황에서 미국은 정부 부채 문제를 해결하기 위해 어떤 선택을 할 것인가? 이는 경제적, 정치적 그리고 사회적 영향을 종합적으로 고려해야 하는 중요한 문제다.

미국의 정부 부채는 사회복지 지출, 군사비용 그리고 경기침체를 막기 위한 재정 정책 확대의 결과로 급격히 증가했다. 이러한 상황은 경제 위기를 극복하기 위해 정부가 시장에 개입할 필요성과 시장 자율성을 유지하려는 기본 원칙 사이의 갈등을 드러낸다. 시장의 자율성과 정부의 개입이라는 상충된 두 가치 사이에서 균형을 찾는 것이 미국이 직면한 가장 큰 과제다.

미국이 정부 부채 문제를 해결하는 방식은 크게 네 가지다.

(1) 시장 원칙을 따르며 부채를 축소하는 긴축 정책

이 경로에서는 다음과 같은 정책이 우선될 것이다.

먼저 금리를 인상하여 국채의 수익률을 높이는 것은 투자자들이 미국 국채를 매력적으로 느끼게 만들고, 이를 통해 국채에 대한 수요를 회복하는 방법이다. 높은 금리는 채권시장에서 신뢰를 재구축할 수 있는 강력한 도구로 작용하며, 이를 통해 부채 관리를 보다 안정적으로 할 수 있다. 그러나 금리 인상은 기업과 가계의 대출 비용을 증가시켜 경기 둔화를 초래할 위험이 있다.

두 번째는 불필요한 정부 지출을 줄이는 것이다. 사회복지, 군사비용, 인프라 투자 등에서 대규모 삭감이 이루어질 수 있다. 이러한 조치는 정부의 재정 적자를 줄이고, 장기적으로 부채를 축소하는 데 기여한다. 그러나 지출 삭감은 단기적으로 사회적 불안과 경기침체를 초래할 수 있다.

마지막으로, 공공 서비스와 복지 프로그램의 축소는 정부의 부담을 직접적으로 줄이는 방식이다. 의료, 교육, 실업 지원 등 복지 정책을 축소하거나 폐지함으로써, 재정 여력을 확보할 수 있다. 이러한 조치는 정부 재정에 단기적으로 긍정적인 영향을 미칠 수 있지만, 사회적 안전망이 약화되며 저소득층과 중산층의 부담이 커지는 결과를 초래할 가능성이 크다.

이러한 접근법은 심각한 부작용을 초래할 수 있다. 특히 중산층과 저소득층은 경제적 불평등과 고통을 더 크게 느낄 가능성이 크며, 이는 사회적 저항과 정치적 불안정을 유발할 수 있다. 1920~1930년대 대공황 시기 미국의 긴축 정책 실패는 이러한 위험을 잘 보여준다. 당시 긴축 정책은 실업률을 악화시키고, 경제 회복을 더디게 만들었다.

(2) 적극적인 정부 개입

이는 사회적 보호 장치를 강화하고, 명목 GDP를 성장시켜 부채 비율을 낮추는 방식을 포함한다. 이 방식의 핵심 요소는 다음과 같다.

먼저 적절한 수준의 인플레이션은 명목 GDP를 증가시키는 데 중요한 역할을 한다. 중앙은행은 통화 정책을 통해 완화적 기조를 유지하며, 인플레이션을 유도하여 경제의 총체적인 부를 늘리고 부채 부담을 상대적으로 낮춘다.

이는 정부가 부채를 줄이지 않고도 경제 규모를 키워 부채 비율을 안정적으로 유지하는 전략이다. 다만 과도한 인플레이션은 구매력 감소와 시장 왜곡을 초래할 수 있어 섬세한 정책 운영이 요구된다.

또한 정부가 주도하는 대규모 재정 투자와 생산성 향상 정책이 중심이 되는 방식이 있다. 이는 주요 인프라 프로젝트와 신재생 에너지, 기술 혁신 분야에 투자하여 생산성을 높이고, 동시에 고용시장을 활성화하는 것을 목표로 한다.

이러한 정책은 경제적 안정성과 성장의 두 축을 강화하며, 특히 중산층과 저소득층의 경제적 참여를 촉진할 수 있다. 정부 주도의 경제 재편은 단기적으로는 비용이 크지만, 장기적으로는 경제의 체질을 개선하고 지속 가능한 성장을 가능하게 한다.

마지막으로, 부채 상환 부담을 줄이기 위해 인위적으로 금리를 낮춘 뒤 상환 기간을 장기화하는 정책이 있다. 이는 부채 만기 구조를 재조정하거나, 새롭게 발행되는 국채의 만기를 늘려 단기적인 재정 부담을 완화하는 방식으로 이루어진다. 장기 부채 분산은 시장에 신호를 보내 미국 정부가 채무를 안정적으로 관리할 능력이 있다는 신뢰를 구축할 수 있다. 동시에, 경제가 안정적으로 성장할 시간을 벌어줌으로써 부채의 실질적 부담을 줄이는 효과를 가져온다.

역사적으로 이러한 정부의 개입 방식은 1930년대 뉴딜 정책이나 제2차 세계대전 이후 복지 국가의 부상과 같은 사례를 통해 긍정적인 결과를 가져왔다. 그러나 정부 개입이 과도할 경우, 시장 효율성을 저하시키고 장기적인 경제 성장 잠재력을 위협할 수도 있다.

(3) 민간 대기업 주도의 미국 부채 해결 전략

과거 공화당이 지향하는 작은 정부small government 모델은 주로 정부의 역할을 축소하고 시장의 자율성에 의존하는 방식으로 이해되었다. 그러나 트럼프 2.0 시대의 미국은 단순한 정부 축소를 넘어선 '계획된 민간 주도형 정부 모델'을 채택할 가능성이 높다. 이 새로운 모델의 핵심은 정부의 직접 개입을 최소화하는 대신, 민간 대기업의 능동적 참여를 유도하여 공공 인프라와 기술 개발을 주도하도록 설계된 체계적 시스템이라는 점이다.

이러한 접근방식의 역사적 전례는 19세기 후반 록펠러의 스탠다드 오일 사례에서 찾을 수 있다. 당시 정부는 에너지 인프라를 구축할 능력이 부족했으나, 록펠러는 석유 정제 및 유통망을 독점적 민간 인프라로 구축했다. 이를 통해 에너지 공급의 안정성이 확보되었고, 정부의 재정 부담은 줄어들었다. 민간 대기업이 인프라 구축을 주도하면서 공공 서비스의 효율성이 높아지는 효과가 나타난 것이다.

20세기 초 포드와 GM의 사례도 주목할 만하다. 두 기업은 대량 생산 체계를 통해 자동차 보급을 확대함으로써 소비를 활성화시켰다. 소비가 증가하면서 자연스럽게 정부의 세수도 증가했고, 정부의 재정 부담이 줄어들었다. 경제의 자발적 성장과 민간의 혁신이 정부의 재정에 긍정적 영향을 미친 대표적인 사례로 평가받고 있다.

군수산업에서도 민간과 정부의 협력 모델이 성공적으로 작동했다. 냉전 시기 로키드 마틴, 보잉, 레이시온과 같은 군수기업들이 국방 산업의 핵심을 담당했다. 이들은 정부의 국방 예산 부담을 줄이는 동시에 고용 창출과 기술 혁신을 유도했다. 이와 같은 민간 주도의 군수산업 모델은 정부의 재정 부담을 경감시키면서도 첨단 기술 개발과 산업 경쟁력 강화라는 두 가지 목표를 달성하는 데 성공했다.

이러한 역사적 사례에서 얻을 수 있는 교훈은 분명하다. 인프라 투자, 생산 시스템의 혁신, 기술 개발을 민간 대기업이 주도하게 되면, 정부의 재정 부담이 줄어들고 경제 성장도 촉진될 수 있다는 것이다. 즉, 정부의 역할을 효율적으로 분담하여 민간의 혁신 역량을 극대화하면, 국가 전체의 경제 효율성이 향상될 수 있다.

트럼프 2.0 시대의 작은 정부 모델은 단순한 정부 역할 축소를 의미하지 않는다. 오히려 정부와 민간의 새로운 역할 분담을 통해 정부의 효율성을 높이고 재정 부담을 줄이려는 전략이다. 이 과정에서 정부는 규제와 인센티브 설계를 통해 민간 대기업의 자발적 참여를 유도할 것으로 보인다. 민간 기업은 인프라 구축, 생산 시스템 개선, 첨단 기술 개발을 주도하며, 정부는 이를 뒷받침하는 규제와 인센티브를 설계하는 조력자의 역할을 맡게 된다.

결국, 민간 대기업 주도의 새로운 작은 정부 모델은 정부의 부채 문제 해결과 경제 성장의 두 마리 토끼를 잡을 수 있는 전략으로 자리잡고 있다. 과거의 자본주의가 시장 자율성으로만 설명되었다면, 앞으로의 경제 패러다임은 계획된 민간의 개입과 시장 자율성이 동시에 작동하는 혼합형 모델로 진화할 것이다.

(4) 가상화폐를 통한 미국의 부채 해결 시나리오

마지막으로, 다소 파격적으로 들릴 수 있는 시나리오를 제시해보겠다. 최근 들어 미국이 비트코인과 같은 가상화폐를 국가 부채 문제 해결과 글로벌 경제 질서 재편을 위한 전략적 도구로 활용하려는 움직임이 부각되고 있다.

과거 트럼프 대통령은 비트코인을 달러에 도전하는 자산으로 간주하며 부정적인 입장을 취했지만, 현재는 비트코인이 달러 시스템을 강화하는 수단으로 활용될 가능성에 주목하며 보다 긍정적으로 접근하고 있다. 이러한 변화는 비트코인이 글로벌 디지털 자산으로 자리 잡으면서, 미국이 이를 통해 경제적, 외교적 영향력을 확대하려는 의도를 반영한다.

미국 정부는 비트코인을 공식 금융 시스템에 통합하려는 여러 가지 조치를 취하고 있다. 대표적으로 나스닥에 비트코인 ETF를 상장시키고, 블랙록과 같은 대형 금융기관이 비트코인을 적극적으로 축적하고 있다. 이러한 움직임은 비트코인을 단순한 자산을 넘어, 달러화의 디지털 확장으로 활용하려는 미국의 전략을 보여준다. 하지만 비트코인보다 미국의 경제 전략에서 더 중요한 역할을 하는 것은 스테이블코인이다.

스테이블코인은 발행된 토큰만큼의 법정화폐나 미국 국채를 담보로 예치해야 하는 특성을 갖고 있다. 스테이블코인 발행사들은 미국 국채를 담보 자산으로 활용하며, 이는 높은 금리 환경에서 무위험 이자 수익을 창출한다. 현재 테더는 2024년 3분기까지 약 77억 달러의 순이익을 기록하며 높은 수익성을 보여주고 있다. 이는 세계 최대 자산운용사 블랙록의 같은 기간 누적 순이익(57억 달러)을 상회하는 수치로, 스테이블코인의 잠재적 수익성과 안정성을 입증한다.

미국 정부가 스테이블코인 규제를 완화할 경우, 빅테크 기업들이 이 시장에 진출할 가능성이 크다. 애플, 구글, 아마존과 같은 빅테크 기업들은 이미 글로벌 결제 네트워크, 방대한 사용자 데이터, 인공지능 기술 등을 기반으로 하고 있어 스테이블코인을 통해 금융 서비스로 확장할 수 있는 충분한 여건을 갖추고 있다. 예를 들어, 애플 페이나 구글 페이에 스테이블코인 기반 결제를 통합하면 사용자 접근성을 크게 높이고, 더 나아가 결제 수수료 및 예치금 운용을 통해 높은 이익 마진을 실현할 가능성이 있다.

스테이블코인의 확산은 미국 국채 수요를 안정적으로 유지하며, 국채 시장의 유동성과 안정성을 높이는 데 기여할 수 있다. 이는 재정 적자 확대와 국채 발행 증가로 안정적인 구매자를 확보해야 하는 미국 정부의 입장에서도 전략적 이점이다. 나아가 스테이블코인은 글로벌 디지털 결제 수단으로 활용되어 달러의 국제적 위상을 유지하고, 미국 금융 생태계의 경쟁력을 강화하는 데도 기여할 수 있다.

트럼프 2.0 시대에서 비트코인과 스테이블코인은 단순한 디지털 자산을 넘어 미국 경제 전략의 핵심 축으로 자리 잡고 있다. 비트코인은 글로벌 디지털 자산으로서 미국의 영향력을 확대하는 도구가 되고, 스테이블코인은 미국 국채를 기반으로 글로벌 금융 시스템에서 달러와 미국 국채의 수요를 유지하는 핵심 역할을 담당한다. 이러한 전략은 미국의 자유주의적 전통, 시장 기반 접근 방식, 그리고 글로벌 경제 패권 유지를 동시에 실현하려는 대담한 시도로 평가된다.

역사적으로도 경제와 금융 체계는 중요한 전환점에서 새로운 패러다임을 형성해왔다. 브레턴우즈 체제의 붕괴, 닉슨 쇼크, 페트로달러 체제의 탄생은 그러한 전환의 대표적인 사례들로, 글로벌 금융 질서를 근본적으로 변화시켰다. 오늘날 우리는 이와 유사한 역사적 변곡점에 서 있으며, 이번에는 비트코인과 스테이블코인이라는 디지털 자산이 새로운 금융 체제의 중심으로 떠오르고 있다.

나아가 미국 정부와 빅테크 기업들이 협력해 새로운 형태의 가상화폐 생태계를 구축하는 움직임은 글로벌 금융 혁신의 새로운 장을 열 가능성을 보여준다. 가상화폐 관련해서 더 깊이 논의하기에는 분량이 길어질 수 있으니 이 정도로만 언급하겠다.

새로운 경제 질서의
전환점에서

$

이제 이 책을 마무리하려 한다. 미국이 선택할 부채 해결 방식은 글로벌 경제에 막대한 파급 효과를 가져올 것이다. 어쩌면 내가 예상한 시나리오를 넘어서는 더 파격적인 전개가 펼쳐질 수도 있다. 다만 한 가지는 확실하다. 미국의 정책 변화는 미국에 그치지 않고, 전 세계 다른 국가들에게도 중대한 영향을 미칠 것이라는 점이다.

결국 미국의 부채 문제 해결은 시장 자율성과 국가 개입 사이의 균형을 찾는 데 달려 있다. 지나친 시장 의존은 사회적 불평등과 경제적 불안정을 초래할 위험이 있으며, 과도한 국가 개입은 시장 효율성과 자유를 위협할 수 있다. 따라서 이 균형을 유지하며, 사회적 안정과 경제적 성장을 동시에 달성하려는 노력이 필요하다.

미국의 부채 문제 해결 과정은 전 세계 경제에 영향을 미칠 중대한 전환점이 될 것이다. 이 과정에서 달러의 지배적 역할, 금융 시스템의 구조 변화 그리고 국제 무역 체제의 재편은 앞으로 수십 년 동안 세계 경제를 형성하는 중요한 요소로 작용할 것이다.

우리는 새로운 경제 질서의 형성이라는 역사적 전환점에 서 있다. 이 변화는 미국이 디지털 금융 시대에서 주도권을 유지하면서도, 자유와 시장 자율성이라는 전통적 가치를 지켜내는 길을 제시하고 있다. 이는 단순한 금융 혁신을 넘어, 새로운 세계 경제 패러다임의 기초가 될 것이다.

그리고 이 책을 읽는 분들께 꼭 전하고 싶은 메시지가 있다. 이 책의 마무리 작업을 하던 12월 중순, 승진 소식을 접하게 되었다. 사실 '성상현'이라는 이름보다 '성상현 과장'이라는 이름이 더 익숙했던 내가 한걸음 더 나아갈 기회를 얻게 되어 감회가 남다르다. 장담컨대 좋아하는 일을 향한 열정과 단 하루도 헛되이 보내지 않겠다는 진심이 쌓인다면, 결과는 반드시 따라온다.

단순히 돈을 버는 것이 아니라, 내가 좋아하는 일을 통해 돈을 버는 것이 훨씬 더 중요하다고 생각한다. 그렇게 해야만 지속 가능하다. 나 또한 앞으로 더욱 열심히 살아갈 테니, 여러분도 긍정의 에너지를 주고받으며 서로의 성장과 성공을 응원해주는 관계로 함께할 수 있었으면 좋겠다.

미국의 성장을 연구하면서, 자연스럽게 우리나라의 미래에 대한 고민도 함께 하게 되었다. 개인의 노력이 모이면 기업의 경쟁력이 강해지고, 기업의 경쟁력이 강해지면 국가의 경쟁력이 높아진다. 결국 우리 스스로의 노력과 변화가 모일 때, 대한민국의 경쟁력도 강해질 것이라고 믿는다. 대한민국은 반드시 그렇게 될 것이다. 우리는 함께 더 나은 미래를 만들어갈 수 있다.

마지막으로 가장 중요한 분들께 감사의 마음을 전하고 싶다. 항상 곁에서 든든한 버팀목이 되어주는 사랑하는 아내와 아들 '연재', 그리고 하루 중 가장 많은 시간을 함께하며 끊임없이 성장해가는 자산운용본부의 동료들과 회사 임직원 여러분께 진심으로 감사드린다. 이 책을 읽는 모든 분들이 2025년 새해에는 투자에서 뜻깊은 성과를 이루고, 건강과 행복이 가득한 한 해를 보내시길 진심으로 기원한다.

주말, 아이의 휘파람 소리를 배경 삼아 마지막 글을 정리하며 이 책의 여정을 마무리한다. 이 소란스러운 순간조차도 오래도록 따뜻한 기억으로 남을 것 같다.

KI신서 13205

미국투자 메가 사이클

1판 1쇄 발행 2025년 1월 15일
1판 2쇄 발행 2025년 1월 23일

지은이 성상현
펴낸이 김영곤
펴낸곳 (주)북이십일 21세기북스

인생명강팀장 윤서진 **인생명강팀** 박강민 유현기 황보주향 심세미 이수진
디자인 표지 김희림 **본문** 홍경숙
출판마케팅팀 남정한 나은경 최명열 한경화 권채영
영업팀 변유경 한충희 장철용 김영남 강경남 황성진 김도연
제작팀 이영민 권경민

출판등록 2000년 5월 6일 제406-2003-061호
주소 (10881) 경기도 파주시 회동길 201(문발동)
대표전화 031-955-2100 **팩스** 031-955-2151 **이메일** book21@book21.co.kr

ⓒ 성상현, 2025
ISBN 979-11-7117-985-5 03320

(주)북이십일 경계를 허무는 콘텐츠 리더

21세기북스 채널에서 도서 정보와 다양한 영상자료, 이벤트를 만나세요!
페이스북 facebook.com/jiinpill21   **포스트** post.naver.com/21c_editors
인스타그램 instagram.com/jiinpill21   **홈페이지** www.book21.com
유튜브 youtube.com/book21pub

서울대 가지 않아도 들을 수 있는 명강의! 〈서가명강〉
'서가명강'에서는 〈서가명강〉과 〈인생명강〉을 함께 만날 수 있습니다.
유튜브, 네이버, 팟캐스트에서 '서가명강'을 검색해보세요!

경제전망

김광석 저
《긴축의 시대》

김영익 저
《더 찬스The Chance》

한문도 저
《더 크래시The Crash》

배당주

채권

주식

송민섭(수페TV) 저
《나는 배당투자로
매일 스타벅스 커피를
공짜로 마신다》

마경환 저
《부와 절세를 한번에 잡는
채권투자 바이블》

김학주 저
《김학주의 40배 수익클럽》